小学德育模式的理论与实践

黄健华　著

哈尔滨出版社

HARBIN PUBLISHING HOUSE

图书在版编目（CIP）数据

小学德育模式的理论与实践 / 黄健华著. —— 哈尔滨:
哈尔滨出版社, 2023.7
ISBN 978-7-5484-7437-1

Ⅰ. ①小… Ⅱ. ①黄… Ⅲ. ①德育 – 教学研究 – 小学
Ⅳ. ①G621

中国国家版本馆CIP数据核字(2023)第138970号

书　　名：**小学德育模式的理论与实践**
XIAOXUE DEYU MOSHI DE LILUN YU SHIJIAN

作　　者：黄健华　著
责任编辑：韩金华
封面设计：蓝博设计

出版发行：哈尔滨出版社（Harbin Publishing House）
社　　址：哈尔滨市香坊区泰山路82-9号　　邮编：150090
经　　销：全国新华书店
印　　刷：武汉鑫佳捷印务有限公司
网　　址：www.hrbcbs.com
E – m a i l：hrbcbs@yeah.net
编辑版权热线：（0451）87900271　87900272
销售热线：（0451）87900201　87900203

开　　本：787mm×1092mm　1/16　印张：9.75　字数：216千字
版　　次：2024年1月第1版
印　　次：2024年1月第1次印刷
书　　号：ISBN 978-7-5484-7437-1
定　　价：68.00元

Preface 前 言

　　《小学德育模式的理论与实践》是一本研究小学德育模式的理论与实践的图书。本书主要从小学德育的概念、发展历程、重要性、构成要素、内容的选择和设计、方法的选择和应用、评价的方法和标准、实施策略、模式的创新与发展等方面展开论述，全面分析小学德育模式的构成和实施方法，以及评价的方法和标准，提出了相应的建议和对策。本书旨在帮助读者全面了解小学德育模式的理论和实践，并为教育工作者提供一些可行的教学思路和方法，以提高小学生的道德素养及综合素质。

　　本书由深圳市宝安中学（集团）海天学校黄健华所著。在撰写本书的过程中，作者参考和借鉴了一些学者和专家的观点及论著，在此向他们表示感谢。由于本书作者水平和时间有限，书中难免有纰漏之处，敬请各位读者批评指正。

Contents 目 录

第一章　导论

第一节　研究背景

随着我国课程改革的不断推进和素质教育理念的深入人心，学生的健全人格塑造和优秀品德培养也被纳入教学目标之中。同时，在如今的社会中，素质低下和道德品质败坏的人必然无法融入社会群体之中。因此，学生道德品质教育，尤其是针对小学生的道德品质教育就显得尤为重要。为此，小学教师使用各种教学策略培养学生的道德品质，完成德育渗透。

小学阶段处于人的发展的基础阶段。小学，尤其是小学低年级是儿童养成良好品德和行为习惯的关键时期。抓好这一时期的品德教育，能为孩子今后的成长打下坚实的基础。大量事实证明，若在这个阶段采取有效方法，对学生实施个性心理培养与道德品质教育，能为他们的长远发展奠定坚实的个性和品德素质的基础。但是小学生的良好性格及品德不是一朝一夕就能形成的，它需要我们的社会、家庭和学校三方面的共同努力。孩子的成长离不开社会、家庭和学校的教育，三者之间要紧密联系、相互协调、理念合拍、方法相容、经常沟通、形成合力。学校是促进少年儿童健康成长的场所，它的功能在于促进，而非包揽，学校教育只是教育中的一个部分；家庭、社会的教育功能各有特性，是不可轻视和无可替代的。只有以学校教育为主体，家庭教育为基础，社会教育为导向，形成学校、家庭、社会三方面紧密结合的"三位一体"大德育网络，把来自学校、家庭、社会的力量结合起来，对少年儿童实施全方位的道德教育和加强日常良好行为习惯的培养，才能共同促进未成年人的德育发展。也只有这样，才能把一定的社会思想准则和道德规范长期地融入对小学生的品德教育中，引导他们进行实践锻炼，把提高思想认识与培养道德行为习惯结合起来，根据小学生的年龄特点和思想实际，提出教育要求和设置教育内容，选择正确的教育手段和生动灵活的教育方法，认真、切实地把教育小学生的工作做好。而任何一方的缺位都会对小学生良好道德品质的养成造成不良影响。

党和国家历来重视和关心学校德育教育，尤其是小学德育教育，党的十八大明确提出，要"把立德树人作为教育的根本任务"。各级学校教育如何贯彻这一精神，如何完成好这一根本任务，事关重大，任重而道远。在我国历史典籍中，有关"立德树人"的记载，可见于两千多年前的《左传》和《管子》中。此外，子以四教：文、行、忠、信（孔子教学生四种东西：文化知识、品行修养、忠诚厚道、信义诚实）。孔子进行的这四项内容有三项属于德育，只有一项是智育。被列为四书之首的《大学》也明确指出："大学之道，在明明德，在亲民，在止于至善。"其"明明德"即"立德"，其"亲民"就是使民众自新，即"树人"。立德树人就是要回归教育的本质，把传承中华优秀传统文化与立德树人联系起来。学校教育，育人为本；德智体美，德育为先。党的二十大论及我国的教育战略部署时强调，要把立德树人作为教育的根本任务，培养德智体美全面发展的社会主义建设者和接班人。完成这一任务，是各级学校教育的中心工作。一年之计在于春，一生之计在年少，少年强则国强。在人的整个成长和教育过程中，小学教育至关重要。禾荒小苗不得收，人荒小学不成才。小学生的品德教育事关立德树人的根基。提高各级学校德育工作质量，提升小学德育教育工作实效，必须研究和探索小学德育，逐步推进小学德育一体化建设，建立和完善小学德育教育和德育评价体系。建设整体协调、功能齐备的小学德育评价体系，是深入学习贯彻党的二十大精神，贯彻落实习近平总书记关于教育青少年成长成才系列重要讲话精神的要求，是统筹推进立德树人工作，深化学校德育综合改革，增强德育实效的需要。《国家中长期教育改革和发展规划纲要（2010—2020年）》中明确提出要把"德育为先"列为战略主题之首。同时指出，我国在各个阶段的德育衔接方面存在诸如德育管理阶段性、德育评价不科学、德育途径不完善等问题，严重影响到德育任务的顺利完成。

目前中国正处于世界百年未有之大变局时期，党的十八大报告重申了中国的奋斗目标是"两个一百年"，第一个一百年，是到中国共产党成立100年时全面建成小康社会；第二个一百年，是到新中国成立100年时建成富强民主文明和谐美丽的社会主义现代化强国。我们正在为实现"两个一百年"奋斗目标而努力奋斗。未来30年，我们培养的人要能够完成"两个一百年"的伟业，这是教育的历史责任。党的二十大报告提出要"培养造就大批德才兼备的高素质人才"。小学生处于儿童期，正是其行为养成的基础阶段，是其思想品德奠基与形成的关键时期。然而目前小学的德育教学内容，除了开设一些抽象的、不被重视的，到期中、期末考试时还被语、数、外等学科霸占的思想品德理论课之外，很少开设与之相适应的道德体验、道德实践活动课，小学生不能很好地理解所学的德育理论的具体内涵，更不知如何与实际行动相结合并体现在日常活动中。家庭、社会对小学生的品德教育也没有形成体系，尚无法成为学校德育教育的有力补充。如何让德育教育开展得更接地气、更有成效，是当前教育工作者需要思考的问题。

第二节 研究意义

"德育在任何时候都应放在学生全面发展的首位"，特别是在今天这个社会发展的关键时期、综合国力提升的攻坚时期，青少年的思想道德状况如何，直接关系到中华民族的整体素质，关系到"中国梦"能否实现，关系到国家的前途和民族的命运。因此在2004年《中共中央国务院关于进一步加强和改进未成年人思想建设的若干意见》中明确指出，要把加强和改进未成年人思想道德建设作为一项重大而紧迫的战略任务，并以此为核心展开一系列的工作，且随着战略任务的发展而不断深入提出新的要求。新时代以来，党的教育方针始终坚持德育为先，突出教育立德，党的十八大把"立德树人"确立为教育的根本任务，党的十九大强调要"落实立德树人根本任务"，党的二十大强调，要办好人民满意的教育，全面贯彻党的教育方针，落实立德树人根本任务。2017年教育部印发的《中小学德育工作指南》提出："为深入贯彻落实立德树人根本任务，加强对中小学德育工作的指导，切实将党和国家关于中小学德育工作的要求落细落小落实，着力构建方向正确、内容完善、学段衔接、载体丰富、常态开展的德育工作体系，大力促进德育工作专业化、规范化、实效化，努力形成全员育人、全程育人、全方位育人的德育工作格局。"2019年3月18日，习近平总书记在学校思想政治课教师座谈会上发表重要讲话，更是从培养社会主义建设者和接班人的高度，强调要落实立德树人根本任务。

小学阶段是学生接触社会的开始，德育工作的开展对学生的思想以及道德品质的培养都有着重要的影响。小学德育工作的积极开展，能够积极引导小学生在德育活动中充分体验到人之为人以及做一个有道德的人的满足感、尊严感和幸福感，树立一种正确的社会认识，为其品质以及世界观的形成奠定基础。总而言之，小学阶段的德育是学生人生发展的重要奠基石，小学德育工作实效性的提高，对于学生发展以及小学教育教学而言都有着极其重要且积极的意义。为此，本书就德育模式的建构、德育开展的策略以及德育评价体系建设的理论和方法，结合自己所做的一些尝试进行探讨。

第三节　研究目的

本研究的主要目的在于全面深入地探究小学德育模式的理论与实践，通过丰富的资料支持，旨在揭示小学德育模式对学生道德品质、人格发展、心理健康和社会责任感的影响，从而为小学德育模式的构建、实施和持续改进提供科学依据。具体目标包括：

理论探讨与分析：梳理并深入剖析小学德育模式的相关理论框架，包括道德教育、人格塑造、心理健康理论等，探究这些理论在德育模式中的运用和作用。

实践案例调查：通过广泛的实地考察、问卷调查和访谈，收集不同地区和学校小学德育模式的实践案例，了解不同模式的具体内容、实施方式以及取得的成效。

效果评估与对比：以实际数据为基础，对不同的小学德育模式的效果进行客观评估与对比分析，深入探讨不同模式的特点以及对学生成长的影响程度。

优化建议与创新思考：在充分理解理论和实践的基础上，提出优化现有小学德育模式的建议，包括课程设计、教学方法、评价体系等，同时鼓励创新思维，探索适应时代需求的新型德育模式。

教育政策参考：基于研究结果，提供有针对性的教育政策建议，寻求小学德育在国家教育体系中的合理定位并推动其有效实施。

国际比较与借鉴：借鉴国际上小学德育模式的经验，进行国际比较研究，从中汲取有益的教育启示，为我国小学德育模式的完善提供参考。

知识分享与学术贡献：通过对小学德育模式的理论与实践的深入研究，为学术界提供丰富的研究资料和理论支持，为教育实践者提供指导，为培养德智体美全面发展的优秀青少年作出积极贡献。

根据这些研究目标，本研究力求从多个角度深入探究小学德育模式的内涵和效果，为实践提供可靠的指导，为社会主义核心价值观的传承和弘扬作出积极努力。

第二章 小学德育的概念及发展历程

第一节 德育的基本概念

一、德育与德育模式

（一）德育

厘清"德育"的概念，是研究德育模式的前提，是研究一切道德教育问题的基础。在我国，德育即品德教育的简称。有狭义和广义之分。

1.狭义的德育

檀传宝认为，"德育即培养学生品德的教育"；戚万学认为，"德育指的是道德教育，是培育人的德性与德行的教育"；顾明远指出，"德育——旨在形成受教育者一定思想品德的教育，在西方一般指伦理道德教育以及有关价值观的教育"。

2.广义的德育

中央教育科学研究所德育研究中心主任、硕士研究生导师詹万生教授认为，"德育是指教育者按照社会的要求，有目的、有计划、有组织地对受教育者进行系统影响，把一定社会的政治原则、思想观点、道德规范和心理需求转化为受教育者个体的政治素质、思想素质、道德素质、法纪素质和心理素质的教育"。美国监督与课程开发协会（简称ASCD）认为，"德育是学校对学生有关是非问题的想法、感受，以及行动产生影响所做的任何事情。""品德教育伙伴组织"曾给出一个简明的定义："德育就是学校、家庭、与社区在帮助孩子理解、关心和实践核心伦理价值的有意识的努力。"2017年教育部颁发的《中小学德育工作指南》中指出，小学德育的内容包括：理想信念教育、社会主义核心价值观教育、中华优秀传统文化教育、生态文明教育、心理健康教育。

从以上定义可知，从不同的角度看"德育"，有"小德育"和"大德育"之分。结合我国国情，以及一直以来的使用习惯与现代学校德育实践的需要，本研究中的"德育"以《中小学德育工作指南》为指导，按照党和国家制定的道德教育方针和政策，坚持对青少年儿童进行多维度的"大德育"教育，把品德发展与社会发展的结构性因素、学校发展情况、学校德育状况结合起来，作综合研判。

（二）德育模式

1.模式

模式是在"模型"一词的基础上演变而来的，是实物、思维与行为的统一体。心理学上把模式一词理解为："一个过程、一组实体或一种情境中的各个部分，可以被一一区分开来，并构成一种紧凑统一的、鲜明突出的结构性整体或完形，这个整体结构或完形就是模式。"美国学者比尔和哈德格雷夫认为："模式是再现现实的一种理论性的、简约化的形式。"在《现代汉语大辞典》中的解释是："某种事物的标准形式或使人可以照着做的标准样式。"《辞海》把它定义为"可以作为范本、模本的样式"。我国学者查有梁认为："模式是一种重要的科学操作和科学思维的方法，它是为解决特定的问题，在一定的抽象、简化、假设条件下，再现原型客体的某种本质特性；它作为理论和实践的中介，是更好地认识和改造原型客体、构建新客体的一种科学方法。模式一经被证实，即有可能形成理论，理论又可以促进实践发展。"模式比概念化的理论更加具象化，可实施性强，目的明确，有扎实的理论依据，在实践过程中具有可操作性。

2.德育模式

德育模式的含义有多种。美国学者理查德·哈什等著，傅维利等译的《道德教育模式》把道德教育模式界定为"考虑教育机构中关心、判断和行动过程的方式，每种模式都包括关于人们如何发展道德的理论观点以及促进道德发展的一些原则和方法"。因此，模式有助于我们理解和实践道德教育，它由理论向实践进行延伸、发展。我国学者李伯黍、岑国桢在《道德发展与德育模式》一书中这样定义："德育模式是在理性认识上形成的，是由道德教育过程中诸多内外因素所构成的复杂的本质成分折射出来的，这些内外因素主要有各种不同的道德教育目标、要求、内容、过程、方法以及预期性效果，它随教育对象的不同而有异，蕴含着心理学、哲学、伦理学、教育学以及社会学等学科的理论观点和思想见解。"董颖春在论文《试论学校、家庭、社会"三位一体"的小学德育模式》中指出："德育模式是依据国家教育方针和相关政策，在一定的德育理论指导下，经过长期的德育研究和德育实践后形成的相对稳定的、系统化的德育模型。"湖南师范大学陈立中在《"三位一体"中学生道德教育模式研究》一文中这样定义："德育模式是道德教育过程中把德育理论、德育内容、德育手段、德育途径等进行组合的某种方式的理论概括。"综合已有研究，笔者认为，德育模式是在党和国家制定的道德教育方针和政策的指引下，在教育学、心理学、哲学、伦理学、社会学等学科的理论指导下，遵循青少年儿童道德发展的基本规律，有机融合德育目标、德育要求、德育理论、德育内容、德育过程与方法、德育组织形式、德育评价等，对青少年儿童进行道德教育，以理论高度概括成型的一种范式。道德教育模式是一个复杂的系统，它具有典型性、可模仿性和可操作性的特点。

二、小学德育的目标、内容及意义

小学德育是针对学龄期儿童的思想道德所进行的教育活动。小学时期的儿童正处于身体和心理发育的关键时期，这一时期的思想道德教育，能使他们从小养成良好的行为习惯，也能帮助他们形成初步的善恶美丑的价值取向，并对他们未来的世界观、人生观、价值观的形成都有着重要的促进作用。所以说，小学德育教育工作具有极为重要的意义。

（一）我国小学德育的目标

教育部颁布的《中小学德育工作指南》中指出，我国中小学德育的总体目标是："培养学生爱党爱国爱人民，增强国家意识和社会责任意识，教育学生理解、认同和拥护国家政治制度，了解中华优秀传统文化和革命文化、社会主义先进文化，增强中国特色社会主义道路自信、理论自信、制度自信、文化自信，引导学生准确理解和把握社会主义核心价值观的深刻内涵和实践要求，养成良好的政治素养、道德品质、法治意识和行为习惯，形成积极健康的人格和良好的心理品质，促进学生核心素养提升和全面发展，为学生一生成长奠定坚实的思想基础。"这个总体目标又分为小学低年级、小学中高年级、初中学段、高中学段四个不同学段的德育目标。其中小学低年级的德育目标为："教育和引导学生热爱中国共产党、热爱祖国、热爱人民，爱亲敬长、爱集体、爱家乡，初步了解生活中的自然、社会常识和有关祖国的知识，保护环境，爱惜资源，养成基本的文明行为习惯，形成自信向上、诚实勇敢、有责任心等良好品质。"小学中高年级的德育目标为："教育和引导学生热爱中国共产党、热爱祖国、热爱人民，了解家乡发展变化和国家历史常识，了解中华优秀传统文化和党的光荣革命传统，理解日常生活的道德规范和文明礼貌，初步形成规则意识和民主法治观念，养成良好生活和行为习惯，具备保护生态环境的意识，形成诚实守信、友爱宽容、自尊自律、乐观向上等良好品质。"

（二）我国小学德育教育的内容

小学德育主要是向学生进行以"爱祖国、爱人民、爱劳动、爱科学、爱社会主义"为基本内容的社会公德教育和有关的社会常识教育（包括必要的生活常识、浅显的政治常识，以及同小学生有关的法律常识），着重培养和训练学生良好的道德品质和文明行为习惯，教育学生心中有他人，心中有集体，心中有人民，心中有祖国。

包括以下五个方面的内容：

（1）理想信念教育；

（2）社会主义核心价值观教育；

（3）中华优秀传统文化教育；

（4）生态文明教育；

（5）心理健康教育；

（三）小学德育的意义

1.小学德育是实现我国教育目的的基础和保障

在社会主义条件下，德育在学校教育中占有极其重要的地位，在学校的全部教学工作中起着统帅和方向保证作用，这是由社会主义的教育性质所决定的。小学德育可促进小学生的道德发展，保证他们思想道德观念沿着正确的方向发展。

2.小学德育是少年儿童全面健康成长的必要条件和保证

小学阶段的小学生正处于长身体、长知识的时期，也是思想道德品质形成与发展的最佳时期。抓好这个阶段的道德教育，对少年儿童形成良好思想品德和行为习惯是至关重要的。因此，在小学阶段，我们应运用正确的思想、信念和方法对他们进行教育，以使他们建立起良好的道德观念，增强抵制错误思想的能力，引导他们沿着社会主义方向发展，为今后树立正确的世界观、人生观打基础、做铺垫。

3.小学德育为社会主义精神文明建设奠定良好的基础

小学德育教育是社会主义精神文明建设的奠基工程，是提高全民族道德素质的基础性教育，是培养合格公民的起点工程。因此，必须加强小学德育教育工作，在德、智、体、美、劳等方面为学生的成长与发展打好基础，为把学生培养成社会主义建设者和接班人奠定基础。

三、我国小学德育的途径、原则

（一）小学德育的途径

《中小学德育工作指南》中指出，实施德育主要通过六大途径进行：

一是课程育人。充分发挥课堂教学的主渠道作用，将中小学德育内容细化落实到各学科课程的教学目标之中，融入渗透到教育教学全过程。

二是文化育人。要依据学校办学理念，结合文明校园创建活动，因地制宜开展校园文化建设，使校园秩序良好、环境优美，校园文化积极向上、格调高雅，提高校园文明水平，让校园处处成为育人场所。

三是活动育人。要精心设计、组织开展主题明确、内容丰富、形式多样、吸引力强的教育活动，以鲜明正确的价值导向引导学生，以积极向上的力量激励学生，帮助学生形成良好的思想品德和行为习惯。

四是实践育人。要与综合实践活动课紧密结合，广泛开展社会实践，每学年至少安排一周时间，开展有益于学生身心发展的实践活动，不断增强学生的社会责任感、创新精神和实践能力。

五是管理育人。要积极推进学校治理现代化，提高学校管理水平，将中小学德育工作的要求贯穿于学校管理制度的每一个细节之中。

六是协同育人。要积极争取家庭、社会共同参与和支持学校德育工作，引导家长注重家庭、注重家教、注重家风，营造积极向上的良好社会氛围。

（二）小学德育的原则

德育原则是根据教育目的、德育目标和德育过程规律所提出的指导德育工作的基本要求。德育原则对德育大纲的制定、德育内容的确定、德育方法的选择、德育组织形式的运用等方面都具有重要的指导作用。

《中小学德育工作指南》详细阐述了我国中小学德育教育的基本原则，包括以下4个方面：

（1）坚持正确方向。加强党对中小学校的领导，全面贯彻党的教育方针，坚持社会主义办学方向，牢牢把握中小学思想政治和德育工作主导权，保证中小学校成为坚持党的领导的坚强阵地。

（2）坚持遵循规律。符合中小学生年龄特点、认知规律和教育规律，注重学段衔接和知行统一，强化道德实践、情感培育和行为习惯养成，努力增强德育工作的吸引力、感染力和针对性、实效性。

（3）坚持协同配合。发挥学校主导作用，引导家庭、社会增强育人责任意识，提高对学生道德发展、成长成人的重视程度和参与度，形成学校、家庭、社会协调一致的育人合力。

（4）坚持常态开展。推进德育工作制度化、常态化，创新途径和载体，将中小学德育工作要求贯穿融入到学校各项日常工作中，努力形成一以贯之、久久为功的德育工作长效机制。

四、小学德育的特点

小学阶段是指 6~7 岁至 11~12 岁，称其为儿童期，这是人的思想道德形成的初级阶段，也是加强思想道德教育的一个重要时期。因为，从小学初级阶段开始，学龄儿童正式地、有意识地参加班集体活动，学习成为他们自主的活动。苏联的瓦·阿·苏霍姆林斯基说过："从儿童心理年龄特征来看，整个小学时期内，小学生思维的总趋势是从具体形象思维向抽象逻辑思维过渡。虽然三年级的小学生还处在具体形象思维为主的阶段，但是三年级却是小学生品德发展的关键年龄，而五年级学生的思维尽管还带有具体形象性，但基本上是逻辑抽象思维了。"

在这一阶段，良好的思想道德的形成，将会对每个小学生的一生产生重要影响。所以，从思想道德发展的角度来看，小学阶段是儿童道德观念形成的关键时期，也是针对他们的生理特点和心理特点全面实施道德教育的最佳时机。在小学阶段，学生道德的发展具有以下特点：

（一）道德认知发展特点：从具体逐渐发展到抽象，从片面逐渐发展到全面

在小学低年级阶段，由于小学生对道德的认识尚未得到全面发展，对道德的理解是比较具体的、肤浅的和表象的。随着年龄的增长，到小学高年级阶段，才逐渐过渡到对道德认识比较抽象、较为深刻的理解。他们的道德情感非常不稳定，情绪色彩浓厚，对道德知识的理解还仅停留在"老师、家长要求我这样做"的基础上。当自己的主观愿望与"老师、家长的要求"发生冲突的时候，思想上就容易出现摇摆，从而改变自己的行为，导致不能形成较为明确坚定的道德信念，使得小学生在道德行为上表现出极大的模仿性和可塑性。同时，小学生道德评价能力也是在逐渐发展的：从开始比较主观、片面、易受外部的具体环境制约，只重视老师和他人的评价，很少有自己的主见；到小学高年级后，会逐渐发展到对自己和他人进行独立的评价。

（二）道德行为发展特点：从依附逐渐发展到自觉，从模仿逐渐过渡到习惯

小学阶段儿童的道德认识和道德观念都处于不断发展的过程中。低年级儿童初入小学，正式参与集体生活，在学习、交往、活动和生活等方面都出现了新的变化，学校对小学生的道德行为方面提出了更高的行为准则和要求。而事实上，低年级儿童无论是对道德原则的掌握上，还是对道德的判断上，都没有自己的见解，而是简单地依附于社会的、他人的规则，即愿意服从教师或父母的管教与规定，容易模仿成年人或其他儿童的行为，行为的可塑性空间极大，所以比较容易在外部的要求、约束和控制下发展良好的行为习惯。中年级儿童以相关的道德行为规范为依据；而高年级儿童则开始以内化道德观念作为依据，来对自己或他人进行道德判断。

小学生道德形成的不同阶段的特点：循序渐进与年龄具体特征相协调。在整个小学阶段，小学生在道德认识与道德情感、道德认识与道德行为等方面的发展是协调一致的。年龄越小，各成分之间越一致；随着年龄的增长，言与行之间、行为与动机之间逐渐出现矛盾和不一致的情况。对于小学低年级的儿童来说，其主观愿望与外部要求之间是协调的。小学初级阶段的儿童，道德行为比较简单，道德的组织表现形式也比较简单、外露。他们的道德认识与行为主要受控于老师或家长等成年人，还不会掩饰自己的行为，表现出低水平的言行一致性，因为这种一致性主要依靠外部教育力量的协调。因此，在小学低年级，儿童的道德认识、言论往往直接反映教师的教育内容，他们的行动也受制于这些内容。而年龄较大的儿童逐渐产生了独立的道德认识与判断能力，儿童的道德观念各成分之间，以及儿童的内心愿望与家长或老师等成年人的要求之间，有时会产生矛盾和冲突，儿童逐渐学会了隐藏自己的某些行为，表现出言行不一致的情况。这种不一致性反映了过渡时期小学生道德心理发展的幼稚性、不成熟性，也反映了小学生道德发展的不稳定性。

此外，我们还应该注意到，即使在同一年龄段，同一发展水平的儿童，由于他们自身努力的程度不同，个人接触的道德环境不同以及个体接受的道德信息不完全相同，因此每个人的道德发展呈现出明显的差异性。就算是在相同的品德发展阶段，不同性格、不同性别、不同发展水平的儿童也会体现出各自明显的差异。

五、影响小学生道德发展的因素

学龄初期的儿童已经初步形成和建立了道德意识、道德判断，但受儿童身体、心理发育的特点的影响，他们在这一时期的言与行、思与行往往产生脱节的现象，因此小学道德教育所要解决的一个重要问题，就是要帮助他们把道德意识逐渐转化为道德行动。还应注意的是，作为与道德观点、道德原则、道德情感相关联的道德意识的高级形态——道德信念，也主要是在小学阶段形成的。道德信念又是道德行为的推动力量。通过学校的德育教育及相应的训练，可使小学生树立明确的学习观、道德观、社会观以及形成良好的道德行为。

小学生的德育发展水平还处在一个动态发展的状态，很容易受到自己心理因素和外部环境的影响。

（一）影响道德发展的内部因素

个体内在的主观因素是道德形成与发展的基础，外部因素只有通过内因才能发生作用。影响小学生道德发展的内在因素包括智力、个体身心发展的状况、个体原有的品德基础、个体内在需要和个体的个性特征等方面。

1. 小学生的身心发展状况

小学生的身心发展状况包括生理特点、心理特点、健康状况等。小学生首先要有一个健康的体魄，这样才能有精力来学习和掌握道德知识和道德原则。而小学生的心理发展状况、智力发展水平等，都制约着其对德育信息的理解、消化与吸收。如果受教育者身心健康、精神愉悦，而德育教育又适应了受教育者身心发展的特点，那么德育教育就会收到良好的效果；反之，德育的有效性就会降低。

2. 以往的道德影响

个体原有的道德观念、道德价值定向、道德经验、道德行为习惯等品德基础，会直接影响到小学生对社会道德教育的接受程度。著名教育家皮亚杰和卡罗尔的一项研究表明，"概念并没有普遍接受的意义，每个概念是由使用它的人给予它以意义，并且只能赋予经验中已有的意义"。也就是说，人们常常根据自己已有的知识和经验来理解新的概念。当接受的道德信息与原有道德认识水平一致时，道德教育会与自己原有的价值取向趋于一致，他对所接收的德育信息的理解就可能比较正确、全面和深刻，对德育的接受程度也会比较高；反之，可能出现认识上的片面性和肤浅性。

3. 道德认知水平

道德的发展与个体的认知水平，特别是对道德准则和规范的理解水平和掌握程度，以及自身的道德判断水平等方面有着密切的关系。根据柯尔伯格的研究，要提高个体的道德水平，必须考虑他的接受能力，遵循"先他律而后自律、循序渐进"的原则。

对于小学生而言，对道德的认识常常是和自己的直接经验相联系的。他们主要关注事物的表面联系、个别现象，尤其是初入学的小学生，往往不能按事物本身的客观逻辑，而是以自己的主观喜好来判断事物。但是随着年龄的增长，以及观察能力、思维能力的发展，逐渐形成了一定道德概念和道德评价能力，他们就会逐渐从道德的他律阶段向自律阶段发展。

（二）影响道德发展的外部因素

1. 家庭环境教育的影响

家庭教育在一个人的思想道德教育过程中起着非常重要的作用。父母是孩子的第一任老师，在朝夕相处中，家长的言行表率作用对子女的思想、道德的形成有着直接的影响。孩子在成家、立业之前，至少有三分之二的时间是与父母一起度过的，父母的言传身教和家庭良好氛围直接影响到孩子的健康成长。家庭教育又是终身教育，它开始于孩子的出生之日，贯穿于小学、中学、大学，乃至成年后的每个阶段。所以说，家庭环境教育是非常重要的，它对儿童的道德的形成和发展有着终生的影响。家庭环境主要是通过以下三个方面来影响儿童的德育发展：

（1）家庭的气氛。良好的家庭气氛，例如和睦温馨的环境，有助于儿童形成良好的品德；反之，父母之间感情不和而导致分居或离婚，这样的家庭环境不利于儿童身心的健康发展，对儿童道德的发展更具有严重不良影响。

（2）父母的言行及表率作用。父母是孩子的第一任老师，家庭是孩子的第一课堂，孩子无时无刻不是以有意或无意的方式观察着父母。因此，父母的一言一行对孩子而言都起着表率作用，并以一种潜移默化的形式影响着孩子道德观念的形成。

（3）父母的态度和教养方式。天下的父母无不对孩子充满期望，无人不是"望子成龙，望女成凤"，期望孩子长大后能够出人头地，学业和事业双丰收。这样的愿望是好的，但是在孩子成长的过程中父母所采取的教育方式却差异很大。有的父母以身作则，用律己、正己的思想和行为来影响孩子，并成为他们的良师益友，而且在对孩子的教育方面讲究方式和方法，充分尊重他们的人格，循循善诱，多鼓励孩子，充分调动了他们的自信心和上进心。同时，这些父母不仅关心孩子平时的学习成绩，往往也关心他们在思想品德方面的修养。这样的父母给孩子带来的都是正面的影响。

而有的父母对孩子的管教非常严厉，常常采取棍棒相加的措施。这样的教育方法往往导致孩子的逆反心理，反倒不利于他们的健康成长。还有的父母，尤其是一些独生子女家庭的父母，非常溺爱孩子，或对孩子放任自流，或在教育上重智轻德，导致家庭教育中道德教育欠缺，对孩子思想道德的发展是非常不利的。

2.学校教育环境的影响

学校教育是德育教育的主阵地，它可以对学生展开系统性的、有目的、有计划和分阶段的道德教育，对学生思想道德的发展和良好行为习惯的养成，都有着不可替代的主导作用。学校教育主要是通过以下三方面来影响学生道德的发展：

（1）班风和校风的影响

班风，即一个班级特有的精神风貌与个性特点，是由班级成员共同营造的一种集体氛围。班风是在班级中长期形成的，是在班内群体成员中占主导地位的言行倾向和作用。它通过班级成员的情绪、言论、行为、道德面貌等方面表现出来，反映了一个班级集体成员的整体精神风貌与个性特点。

校风是学校的风气，它是全体师生在工作、学习、生活中所表现出来的整体精神面貌与特征。它不仅体现在教师的教风、学生的学风，以及各班级的班风上，还体现于学校的各种事物和环境之中。校风是一所学校的灵魂，良好的校风体现的是学校的精神面貌和优良传统。良好的校风对陶冶学生的情操，形成学生积极的价值观、人生观，科学、理性的思维方式，养成良好的行为规范，均具有积极促进作用，是课堂教学的重要补充力量。

班风、校风具有很强的教育功能，以一种潜移默化的形势影响着每一位学生。小学阶段的学生，处于思想道德意识逐渐建立、行为习惯正在养成的时期，如果在一个氛围和谐、精神上进的班集体里，思想上得到良好熏陶，行为上受到正面引导，将会让他们在各方面都得到发展和提高。

（2）课堂教学和教师楷模作用的影响

在学校的教育过程中，教师既是教学过程的组织者和设计者，又是学习过程的指导者。教师的授课内容与方式是否贴近学生的心理需求，将直接影响到学生的学习效果。而且，由于教师在学生心目中具有权威性，他的一言一行将对学生的发展起到潜移默化的影响。在长时间的师生交往过程中，教师自身的表率作用对学生的道德形成具有重要的意义，身教远胜于言传。

（3）其他学科教学对德育的渗透及影响

德育教育并不能单靠德育课程来实现，而应与其他各个学科的教学活动相互融合、相互贯穿，这样才能对学生的道德发展产生更大的影响力和具有更强的渗透性。

3.社会环境的影响

除了家庭和学校，学生所处的另一个大环境就是社会环境，包括学生经常接触的亲戚、邻居、朋友、同学以及社会风气、社会信息等。在学生道德观念的发展过程中，社会大环境中各要素对他们的影响不容忽视。优良的社会环境对培养学生道德情感具有积极作用，可以帮助他们养成良好的行为习惯，形成高尚的思想道德品质；而不良的社会环境则会为学生树立某种反面的学习样板，对学生的道德培养起负面的作用，还会使学生的成长偏离正确的方向，甚至走上违法、犯罪的道路。

随着小学生的成长，社会交往范围日益扩大，除父母和家庭成员外，与小学生交往最多的可能是同伴，包括幼儿园的朋友、学校的同学、邻居家的小孩、团体中的成员等。同伴关系和群体交往在小学生社会化发展中起着重要作用，良好的同伴群体关系是小学生心理健康的重要指标。良好的同伴关系有助于培养小学生的社交能力，帮助他们获得熟练的社交技巧。同时，还能使小学生在群体相处时具有安全感和归属感，对小学生自信心的培养非常有利，更有利于小学生对所处环境进行积极探索。因此，在小学阶段，我们应帮助小学生与小伙伴之间建立友谊，鼓励他们多与外面的小朋友交往，这些对培养他们健康、快乐的性格，优良的德育品格具有非常重要的意义。

第二节　小学德育的发展历程

一、小学德育发展的历程

改革开放以来，学校的德育工作总体上经历了如下几个发展阶段：

（一）第一阶段：十一届三中全会到 1986 年。这是一个拨乱反正，强调又红又专的时期，主要解决的是德育正位问题

这一阶段，在刹住十年教育动乱、恢复和建立良好教育秩序、狠抓科学文化知识学习的同时，强调了学校德育既要重视德育的政治性，又要重视政治思想工作落实到业务工作

之中，做到又红又专；重申了德智体全面发展的教育方针；加强了学校德育的宏观管理。这一时期最重大的教育事件是恢复高考，结束了以阶级斗争为纲的政治化推荐升学制度，学校德育在深刻反思的基础上开始从泛化的政治束缚中解脱出来。但是，这一阶段仍普遍存在着德育方式单纯灌输、德育内容成人化等问题。

（二）第二阶段：1986 年到 1992 年。这是一个建立制度、探索规范的时期

这一时期国内开始从计划经济向市场经济转变，学校德育受到了来自两个方面的严重冲击：一方面，社会上的不正之风动摇了学校德育的管理、削弱了德育队伍的力量；另一方面，西方侵入的资产阶级自由化、拜金主义、享乐主义摇撼着我国传统的信念和价值观。社会上物质文明与精神文明建设"一手硬、一手软"的问题在教育界的直接反映就是抓智育硬、抓德育软。宏观和微观背景条件正在发生深刻的历史性变化，学校德育工作出现了"不到位"的问题。"老办法不行，新办法不会""说起来重要，做起来次要，忙起来不要"，重智轻德、应试教育等问题日益严重，形成了学校教育忽视思想政治教育和道德品质教育的倾向，德育工作成为学校工作的薄弱环节。不少学校处于矛盾彷徨之中，建立制度、制定规范、保证德育到位的呼声越来越高，大量德育序列化实验开展起来。1988年，党中央制定和颁布了《中共中央关于改革和加强中小学校德育工作的通知》，首次确立了学校德育工作实行校长负责制，原国家教委颁布了《中学德育大纲》和《小学德育纲要》，对学校德育工作的方向、内容和管理提出了明确的、系统的要求，结束了建国四十年学校德育无纲少范、简单服从社会成人运动的局面。这几个文件对推进小学德育工作的整体改革，进一步加强小学德育工作管理，实现小学德育工作的科学化、规范化、制度化，起到积极的指导作用。

（三）第三阶段：1992 年到 2012 年。进入了构建现代学校德育体系时期

这一时期，党中央根据新形势进一步制定颁发了《中共中央关于进一步加强和改进中小学德育工作的意见》和《爱国主义教育纲要》。学校德育的社会背景和内在要求基本清晰。社会主义市场经济建设对精神文明建设的强烈需求、广大人民群众对精神文明的迫切愿望和广大教育工作者的高度责任感，使学校德育在改革开放十几年经验教训的基础上，开始出现了从宏观背景到教育管理再到教学过程的方方面面的系统探索，并取得了很多可贵的经验和研究成果。这些经验互相磨合、交互融合，逐步形成学校德育的学科理论、管理规范和教育内容、方法的体系。

这一时期，学校德育工作的一些基本问题，诸如德育内容不系统、不科学、存在随意性的问题，德育目标缺乏针对性、层次性，德育活动缺乏计划性等问题，以及"小学讲共产主义，中学讲社会主义，大学讲行为规范"的德育现象，引起了专家、学者和广大教育工作者的普遍关注，进而通过研究提出了德育的层次性、针对性、系统性、计划性、科学性等一系列对策和实践措施。

（四）第四阶段：2012 年至今。进入新时代中国特色社会主义德育体系时期

这一时期，几次重大会议的召开，以及习近平总书记的多次关于德育的讲话，推动我国德育工作进入了一个新的历史时期。党的十八大报告指出，"把立德树人作为教育的根本任务，培养德智体美全面发展的社会主义建设者和接班人"。2014 年的青年节，习近平总书记提出了"社会主义核心价值观"，用十二个词语概括了人民生活工作的方方面面，成为道德的指标。2018 年，习近平总书记在全国教育大会上提出了"九个坚持"，即坚持党对教育事业的全面领导，坚持把立德树人作为根本任务，坚持优先发展教育事业，坚持社会主义办学方向，坚持扎根中国大地办教育，坚持以人民为中心发展教育，坚持深化教育改革创新，坚持把服务中华民族伟大复兴作为教育的重要使命，坚持把教师队伍建设作为基础工作。"九个坚持"进一步奠定了立德树人的根本地位。2018 年 9 月习近平总书记进一步深刻阐释了为谁培养人、培养什么人、怎样培养人这一教育的根本问题，指出："我们的教育必须把培养社会主义建设者和接班人作为根本任务，培养一代又一代拥护中国共产党领导和我国社会主义制度、立志为中国特色社会主义奋斗终身的有用人才""要努力构建德智体美劳全面培养的教育体系，形成更高水平的人才培养体系。要把立德树人融入思想道德教育、文化知识教育、社会实践教育各环节"。由此可见，德育一直在发展，不断受重视，随着时代的不断变换，德育目标与内容也在与时俱进，不断地发展。

二、小学德育的基本情况

改革开放以来，学校德育的内部和外部环境发生了深刻变化。从总体看，学生思想道德面貌的主流始终是好的，也可以说教育是我国社会主义精神文明建设最好的行业，学校是全社会系统中德育工作做得最好的部门。但是，新形势下的社会主义物质文明和精神文明建设对教育提出了新的更高的要求，小学德育工作新格局尚未真正建立，建立完善的现代小学德育体系尚需时日。

（一）关于对德育的认识与管理问题

改革开放以来，人们对学校德育的重要性、地位、任务总体上是趋于认同的，但存在着社会、家庭与学校认识不同步、不一致现象。

近十年来，不少学校和地方党政部门都意识到学校德育综合治理的必要性，并且进行了社会、家庭与学校齐抓共管的大量探索，取得了丰富的经验，但由于对市场经济、社会的不可控因素认识不足，没有形成综合治理的机制和规范。人们对社会和家庭影响因素在学生思想品德形成中作用增强的趋势还没有充分估计，因而导致了社会、家庭教育与学校教育的不协调或配合不当。

改革开放以来，小学以教学为中心的思想树立得还比较牢固，但学校德育建设对教学工作的意义，还未被更多的人所认识。有些学校还错误地认为教学工作上去了，分数成绩上去了，学校的德育就无可指责。学校德育的重要性并无多少异议，但如何统一全社会对于学校德育的认识，却是国家和教育面临的重大问题。

从学校内部的管理看，大部分学校对德育工作抓得较紧，强调德育的计划，保证德育的活动时间，明确方方面面的责任等等。这些措施对守住德育阵地、顶住逆流冲击、防止学校"污染"起了很大作用。但是，学校还没有形成有效的德育校长负责制的管理体制，以校长挂帅、班主任为骨干、科任教师全员参与、党团组织积极配合的德育工作系统还不健全，党支部、团队、工会、政教处、教导处、年级组、教研组、班级德育工作的相互关系尚未形成有效的规范和常规。大多数学校的所谓德育人人有责，实际上是班主任对方方面面负责。在如今素质教育已成为全社会共识的时期，如何把教学工作与德育工作很好地结合起来，需要深入地研究。

（二）关于德育的内容与方法

改革开放以来，学校德育内容越来越丰富。从德育的范畴看，心理素质教育、道德素质教育、思想政治教育、日常行为规范教育等都成为学校德育涉及的领域；从具体内容看，传统美德教育、国情教育、"五爱"教育、时事政治教育、理想教育、集体主义教育、社会主义教育、法纪教育以及世界观、人生观、价值观教育等30多项内容都进入了学校德育。丰富的德育内容为我国学校德育的现代化奠定了基础。目前，如何整合极为广泛的内容，推进学校德育课程化是急需解决的问题。

内容丰富的同时是方法的多样灵活，民主性、实践性的生动活泼的教育方式大量涌现，已经产生了极为丰富的经验。但是，长期以来德育工作过分强调思想改造，片面强调"晓之以理"的灌输，忽视通过"循循善诱"及"亲身体验"去激发学生在道德上自我完善的内在需要和机制，经常把对学生的德育要求和学生道德发展的自我需要和内在机制对立起来。因而大多数校长和教师仍然长于"管"和"灌"，而短于"放"与"导"。所以，如何把灵活多样的德育方法系统化、常规化，使广大教师习以为常，是一个非常现实的问题。

（三）关于学生思想道德现状

总体上讲，学生思想道德的主流是好的，爱祖国、爱学习、有理想、守纪律、团结同学、尊敬老师，是我国小学生的优秀品质和基本特点。但是我们也需要看到，当前，中国正处于历史发展的新时期，开放、多元、全球化、信息化成为中国社会的典型特征，社会的伦理精神和道德生活也出现了新的转变。文化多元、阶层隔阂、社会分化的情况加剧，极端个人主义、功利主义和盲目攀比、追求奢华生活等价值观念借助新媒体等技术手段，形成对核心价值观及传统价值观的新挑战。南京师范大学孙彩平教授带领团队做的《中国儿童道德发展报告（2017）》中通过在全国范围内大样本的调查，针对当代儿童的品德水平状况得到以下结论：

1.97.0%的儿童有自己关注的价值观，其中诚信和孝敬是有较高认同度的价值观。

2.绝大多数儿童有明确而积极的道德情感，情感的强度有随年龄上升而下降的整体趋势。

3.10岁到18岁儿童的道德理性上表现出很强的规范认同，特别是在"否定性"道德判断中,"肯定性"道德判断表现出一定的年段差异,道德判断理由呈现出从不分化到分化的发展趋势。

4.10岁到18岁儿童在道德行为上普遍表现良好,家庭中的感恩回报行为一直保持较高比率,其他道德行为频率整体上随年龄增长呈现下滑趋势。

5.主题实践活动是儿童普遍愿意接受的德育方式。

6.54.43%的儿童感受到来自家庭的各种困扰,最集中的家庭困扰是学业压力;65.16%的儿童感受到来自学校的各种困扰,最集中的学校困扰是上课无趣。

7.中国儿童的道德发展在多方面表现出明显的性别差异。女生更关注文明、和谐和公正的社会主义核心价值观,在扶助弱势和施与援手行为方面普遍弱于男生;男生更关注富强、民主和自由的社会主义核心价值观,在诚信、感恩知报、不因私违规行为方面不如女生。

8.中国儿童的道德发展在多方面表现出明显的地域差异。东部地区儿童更关注文明、自由、友善的社会主义核心价值观,西部地区儿童相对更关注和谐、法治、敬业的社会主义核心价值观。

9.留守儿童处于道德发展的不利境地,各项指标的发展情况与正常家庭生活方式的孩子有着较大的差距。

10.生活满意程度、家庭生活方式(是否与父母生活在一起)是影响中国儿童道德成长的限制性因素。

三、德育改革发展趋势

近年来,围绕构建新形势下的德育工作新体系,广大教育工作者进行了一系列的探索和研究,取得了许多研究成果,并在以下几个方面取得认同,成为小学德育改革的主要发展方向。

(一)德育管理的发展趋势

1.德育组织形式社会化

前几年,我们的小学德育工作之所以未尽人意,一个重要的原因就是互为环境的学校、家庭、社会之间协调不够,缺乏相适应的组织形式和工作经验,未形成一股巨大的合力。近年来的德育研究与实践告诉人们,要取得小学德育的最佳效果,光凭学校单方面的德育管理是不行的,必须实行社会全方位综合治理。各行各业,校内校外,家庭、政府都要负责,齐抓共管,一起把青少年培养成有理想、有道德、有文化、有纪律的社会主义建设者和接班人。当前不少学校都在尝试这条途径,上海市政府与社会积极配合,通过成立学校德育社区教育委员会,划片治理,包校到区,明确社区教育的职责、任务、目标、分工等问题,并采用逐级落实的办法,收到了较好的效果。深圳市采取了设立社区工作站课后服务中心,组织社工进学校开展服务;社区派出所副所长兼任片区学校法治副校长等方式。这种模式以学校为主,社会和家庭密切配合,以德育为中心开展共建、共管、共育活动，优化了德育的外部环境，极大地增强了学校德育效果。这种学校、家庭、社会三结合的社区教育格局，已被越来越多的人所认识，并付诸实践。然而，在总体上，我国大面积的真正意义上的社会教育网络尚未形成，党政、工青妇、文化宣传等担负精神文明建设主要职责的有关部门齐抓共管的德育运行机制尚未真正建立。

2.学校内部德育管理系统化

学校内部德育管理由党支部为核心、团队组织活动为主发展到校长负责、团队配合，以班主任为骨干，任课教师全员参与，班级活动为主。以往我国小学德育工作主要依靠党团组织全面管理。多年的德育实践证明，此种把社会模式直接移进小学的做法不太符合学校工作特点和小学生发展规律，效果不太理想。近年来，校长负责制已逐步成为小学管理的主要制度，且各校基本都设有专门分管德育的副校长。学校德育不论是党团为主管理还是校长负责管理，都要依靠班主任和教师落实到班级。因为广大教师和学生是教学过程的全程参与者和主体，二者之间相互作用的时间比学校的其他任何部门和人员都要长，在时空上具有同一性和互溶性，教师对学生的思想道德情况最了解、最清楚，因而做工作最具有及时性、针对性，也最具有号召力和说服力。班级是学校实施教育教学的基本单位，班级和教学过程理所当然地应成为德育的主阵地。小学德育工作实行校长负责，党、团配合的制度更为合理。一些学校设置了德育导师制，每个学生都有相应的德育导师负责，由导师协助班主任更有针对性地开展学生的德育工作。校长负责、班主任为骨干、导师为辅助、教师全员参与的德育管理应是小学德育发展的主要方向。

（二）小学德育目标的发展趋势

小学德育目标从过去单一的高要求开始走向分阶段、分层次实施的基本要求和较高要求。新中国成立后，伴随着社会的阶级斗争和思想改造运动，学校德育高度政治化和成人化，德育目标不视年级高低、年龄大小，从幼儿、小学到中学、大学都是培养共产主义接班人，都要求做到政治挂帅，大公无私。随着改革开放的不断发展，邓小平同志首先提出了培养"四有"新人的朴实要求，1988年中共中央下发了《关于改革和加强中小学德育工作的通知》，明确指出要"实事求是地确定中小学德育工作的任务和内容"，提出了"中小学德育工作的基本任务是，把全体学生培养成为爱国的具有社会公德、文明行为习惯的遵纪守法的好公民。在这个基础上，引导他们逐步确立科学的人生观、世界观，并不断提高社会主义思想觉悟，使他们中的优秀分子将来能够成长为坚定的共产主义者"。这个通知，明确了我国小学德育工作要以培养合格公民为基本要求，以造就共产主义接班人为更高要求。1993年，原国家教委制定下发了《小学德育纲要》，明确提出了小学德育目标是为培养社会主义公民打下初步的思想品德基础。2017年教育部印发了《中小学德育工作指南》，围绕学生在政治、思想、道德、法治、心理品质方面应达到的规格要求，从学生的社会生活、道德生活、法律生活、政治生活等多个方面提出了要求，体现了我国教育以立德树人为根本任务的总体方向。近年来，不少地区和学校根据目标分阶段、分层次的思想，制定了学段、学年乃至学期的具体德育目标，形成了德育目标系列和相应的德育评估标准。

（三）德育内容的发展趋势

德育内容课程化，是学校德育内容发展的主要趋势。随着学校德育工作目标进一步明确，学校德育内容逐步变得全面、系统、具体。学校德育与智育、体育、美育有不同的特点，它必须充分考虑教育的社会性和现实性，有效的教育内容必须与社会的、区域的乃至学校的具体背景相联系。这很容易造成学校德育宽泛、无序。各个学校通常都能够从实际出发，联系具体实际，进行大量的德育活动，这些活动虽然大都对提高学生德育素质起到了重要作用，但是对学生整体素质发展而言，其全面性、系统性、必要性从量和质上缺乏教育的规定性，必然造成德育的盲目性。克服盲目性、明晰规定性的基本途径，就是德育课程化，使德育的目标内容、计划和方法成为广大教师自觉操作的规范。世界上不少国家都以课程方式明确规定了德育的训练项目、时间和程序，这种课程与学科课程从规定上和实施上的不同特点在于，有共同的明确目标和相对统一的教育要求，但在内容和方法上有相对的选择性。目前，我国的学校德育工作课程化也正是顺应了这种趋向。

（四）德育方法的发展趋势

从重视理论灌输、说服教育发展到强调养成和实践。长期以来，我国传统德育存在着重共性轻个性，重他律轻自律，重外显轻内化，重灌输轻养成，重理论轻实践，片面强调限制、防范和改造，忽视引导、熏陶、塑造的倾向，造成了目标结构的片面性和不合理，导致了德育功能的不完整。前几年，学校德育过分突出政治功能，甚至以政治功能代替德育的认知功能、情感功能和审美功能，排斥德育促进和完善人自身发展的功能，因而在相当长的时期内，学校德育阵地大大缩小，严重影响了德育效果。德育实践告诉人们，只有针对学生生理、心理特征及其对道德的认识能力水平，遵循人的身心发展和思想道德形成发展规律，顺性而为才能真正增强德育实际效果。近年来，人们在科学育人思想的指导下，根据学校德育规律，对德育方法进行了大量的改革探索，成果主要表现在两方面：一方面注重了学生日常行为规范教育，强化养成，在养成训练中培养学生的良好作风，陶冶学生的思想情操，确立正确的思想观念；另一方面注重了使学生走向社会，深入生活，参加劳动，在社会实践中体验、思考、认识、改造自己的主观世界，规范自己的行为。"重视实践、强调养成"已成为德育方法发展的重要趋向。

（五）德育途径的发展趋势

首先，几乎所有学校都把教学工作作为实施德育的主渠道，注重发挥学科的德育功能。广大教学工作者越来越认识到任何一门学科教学都直接或间接地、有形或无形地涉及思想政治、道德品质、个性心理素质等方面的教育。教学是学校教育的中心工作，学生每天有6—8小时直接与教学相联系，如果在学科教学中不能充分发挥教学的德育功能，德育就不能真正到位。从比例看，学科教师、班主任的占教职员工3/4以上，如果教师的学科教学放弃德育，那么加强德育也将成为一句空话。所以，近年来，广大教育工作者越来越重视研究学科教学的教育性，探索学科德育功能的理论、途径和方式。

此外，加强劳动技术教育，建立社会性的德育基地，是完成学校德育任务的重要途径。劳动教育是一种综合教育，既是德育的重要内容，又是德育的重要途径。2020 年，中共中央、国务院印发《关于全面加强新时代大中小学劳动教育的意见》指出，劳动教育是中国特色社会主义教育制度的重要内容，要全面贯彻党的教育方针，坚持立德树人，把劳动教育纳入人才培养全过程，贯通大中小学各学段，贯穿家庭、学校、社会各方面，把握育人导向，遵循教育规律，创新体制机制，注重教育实效，实现知行合一，促进学生形成正确的世界观、人生观和价值观。

第三章 小学德育的重要性

第一节 培养德育意识

我国的教育先驱陶行知先生说过："生活即教育，是生活便是教育，不是生活便不是教育。"小学生品德的形成源于他们对生活的认识、体验与感悟，因此，品德与生活教育是培养学生个人素养的关键课程，而如何通过小学生的品德实践和生活实践，让他们懂得责任的概念，懂得如何通过自己的行为来锤炼自己的思想品质，从而培养出良好的、具有自主责任意识的学生，这是每一个德育教育者所该面对的课程。

一、德育教育及自主意识的内涵

德育教育是对学生进行政治、思想、道德、法律和心理健康的教育，它是我国整个教育体系中非常重要的组成部分，这种教育需要与智育、体育、美育等相互联系，其对学生健康成长和学校工作开展具有重要的导向、动力和保证作用。在我国小学教育阶段，德育教育更多地体现在思想品德教育方面，通过思想品德理论教育和实际生活实践教育来完善小学阶段的德育教育课程。品德又称为道德品质，是指个体根据一定社会的道德行为准则，在其所在的行为活动中表现出来的某些稳定的心理特征，而品德生活教育则是通过一定的生活实践对学生的思想道德品质进行培养，使学生在生活实践中形成良好的品德价值观，提高道德修养，学会做人。

根据《少先队活动课程指导纲要》，自主教育是在辅导员的引导下，发挥少先队小干部的带头作用和队集体的作用，放手锻炼少先队小骨干的自主活动能力，注重自我教育、同伴教育，鼓励全体少年儿童动脑动手，自己的组织自己建，自己的活动自己搞，自己的事情自己做，人人做主人，人人都探究，人人都创造，培养小学生自主意识和自主能力。在小学德育教育课程中，小学生的自主意识培养主要通过自主教育来完成，其基本的教育模式主要是德育活动，通过各种不同的德育活动来完善小学生的自主意识。

随着我国教育基础的不断完善，教育理念的不断创新，基础教育的育人效能正持续提升。在基础教育阶段，对于学生的教育与培养，应有效突出德育工作的育人优势，积极帮助学生树立社会主义核心价值观，确保我国基础教育工作能够有效地为社会主义建设事业培养合格的后备人才。

具体到小学教育领域，小学生正处于人生发展的起步阶段，是思想素质与行为习惯养成的关键节点。这时候学生的学习、接受能力较强，有效的途径能够帮助他们消化、吸收德育内容，能够使他们尽早地形成良好的道德观念，逐步养成良好的日常行为习惯，从而在当前的学习、生活中，以及今后的长远发展中大获裨益。与此同时，小学生由于年龄小、阅历浅，对一些负面的思想缺少辨别、抵御能力，极为容易沾染上不良的习惯。因此，小学德育工作的有效开展，能够在防微杜渐的教育过程中，起到保护学生、促进他们健康成长的积极作用。

积极的德育倡导，能够帮助学生主动地辨别、抵御负面思想，引导他们在自身成长的过程中，自觉地远离有害事物。如此，就在学生的思想领域筑起一道坚固的"防火墙"，以对抗各种侵蚀。

总而言之，小学阶段的德育是学生人生发展的重要奠基石。有效开展小学德育工作，能够助力学生尽早地养成积极健康的道德品质与规范的行为习惯，使他们在正确的发展道路上行稳致远，不断取得新的进步。

二、德育教育课程自主意识培养的现状分析

（一）自主意识培养所存在的问题

随着我国社会主义市场经济的进一步发展，难免对某些社会价值体系产生了冲击，许多人的自主意识受到名利、拜金意识以及其他因素的影响变得日益淡薄。由于深受家庭教育和社会教育的影响，有些小学生的自主意识较为欠缺，特别是现在的独生子女，由于父母的过分溺爱，容易养成依赖性强、意志薄弱的性格，缺乏合作意识和责任感，以自我为中心的情况非常严重，对自己所作所为认识不足。比如，有些小学生随意破坏公共设施，甚至破坏他人私有物品；自己的生活也难以照顾；对老师和家长撒谎，不能承担自己所做的事情；老师分配的作业或者任务也不能完成，没有足够的学习兴趣；自己的学习和活动容易受到他人影响，难以独立完成。表现为自学、自理、自护、自强和自律方面能力的缺失。

（二）自主意识培养的影响因素

小学生在德育活动教育课程中不能很好地培养自主意识，首先是因为德育生活课程的教材内容乏味，有些老师只是照本宣科，难以吸引小学生的兴趣，从而使得德育教育价值难以在小学生中得到体现；其次，对德育活动课的重视程度不够，很多学校的德育活动课就是"玩"，其课时设置较短，老师难以组织有价值、有目的的自主意识培养、生活实践活动；最后，某些学校教育资源缺乏，师资水平难以满足教学需求，使得德育教学效果难以达到，特别是对于老师较少而学生较多的学校，很多老师难以顾及学生自主意识等德育方面的有效培养，更多是完成对小学生的"照顾"教育。

三、德育教育课程自主意识培养的完善分析

当前很多学校已经意识到小学生德育自主意识培养的重要性，并在培养学生自主意识方面做出了许多有价值的尝试。例如：广东省深圳市某小学，因地处海边，学校距离最近

的海滩不足一公里，学校通过分析自身地域、历史及人文情况，把"海洋文化"作为构建本校德育教育课程，培养学生德育自主意识的抓手。

学校将"海洋文化"融入校园生活的方方面面。在课堂上，教师构建了丰富的海洋知识体系，使学生深入了解海洋世界，激发兴趣和好奇心。这种文化的渗透，有助于培养学生的广阔胸怀、求知欲望以及与人为善的品质。学校通过鼓励学生拥抱"海洋文化"，希望每位学生都能肩负着"海洋品质"、知识智慧和积极心态走向未来。

在德育教育课程的设置中，该学校以"海洋生物的多元性"为理念，设置了多元的体验活动，让学生在活动中得到成长的体验，获得品德的生长。学校积极构建了各类社团活动，例如象棋、手工、茶艺、绘画、朗诵、摄影、科学等，以满足学生的多元兴趣和需求。这些社团活动并不仅仅是知识的传递，更是为培养学生合作意识、积极探索精神提供了机会。在社团活动的选择过程中，学校鼓励学生根据兴趣自主选择，初步培养他们的自主意识。

另外，学校每年举办的才艺PK赛也是激发学生自主意识的有效方式。通过设置舞蹈、乐器、唱歌、棋艺等各项比赛，学生被赋予了自主报名和选择参与的权利。这不仅鼓励了学生的主动性，还促使他们勇于尝试、独立思考。

总之，德育教育课程中，该小学通过融入"海洋文化"培养学生的自主意识，以多元活动促进学生的成长，让学生在丰富多彩的德育活动中滋生出向上向善、开放积极的自觉意识，培养出广阔的视野、积极向上的心态以及自主自信的个性。通过这一系列举措，学校在德育教育中有效地促进了学生自主意识的培养。

第二节　塑造道德人格

一、影响学校德育塑造小学生和谐人格的因素

（一）社会原因

1.人才评价机制

如今，经济全球化趋势不断加强，我国已经从过去的农业社会转为工业社会，我国开放程度不断加深，市场经济已经取代了过去的计划经济，集约型经济增长方式取代了过去的粗放型增长方式。第三产业实现了迅猛发展，国家经济实力不断增强。市场经济的本质是利用产权所有关系、供求关系、价值交换关系等消除个别劳动与社会劳动之间的矛盾，确保社会经济能够实现稳健运行。在市场经济背景下，尽管德育重视人的主体性，强调人的个性，但由于资本具有短视性，当资本在社会中的地位不断提升后，整个社会都将为资本服务，资本关注的并不是和谐人格，它只重视最大化的利益。在此形势下，全社会在短期内的追求是拥有熟练技能和专业知识的人才，人才评价标准和机制逐渐转为更具实用性，人们开始不重视道德和思想品质。学校开展的教育教学活动面向社会，按照社会的需

求为其培养人才，在社会机制的影响下，学校在培养学生时也会陷入思想误区，其制定的学生评价标准必然会存在缺陷和问题。

2.社会环境因素

社会不良现象引发了消极反应。近年来，各类社会问题层出不穷，缺少责任意识、缺少公德心、缺少同情心等成为社会公众的一个标签，这种不良社会现象给学生带来了巨大的影响。小学生身心发展不成熟，缺少丰富的社会阅历，承受能力较差，这些社会现象会给小学生带来巨大的影响，导致他们在交往、学习中出现一些问题，还会给小学生的道德发展、人格塑造带来不良影响。此外，大众传媒传播的不良信息影响着社会。近年来，网络发展速度日益加快，小学生能够利用网络获取各类信息，他们通过网络对全社会、全人类有了进一步的认识和了解，其价值观呈现出多元化发展趋势。大众传媒传递的各类信息不断增加，大众传媒发布的信息对于小学生性格的形成、道德品质的培养起着至关重要的作用。网络中存在许多垃圾信息、不良信息，小学生尚未形成完善的价值观，他们缺少社会阅历，无法对一些社会现象做出客观、科学的评价，难以对网络中的海量信息进行筛选，一些娱乐节目、影视作品、社交软件引起了小学生的广泛关注，这类资源中掺杂的一些不良信息、不健康因子毒害了小学生的心灵。小学生对网络的依赖性不断增强，一些小学生沉溺于网络游戏，对学习失去了兴趣，不愿意参与交际活动，这给他们的人格塑造带来了巨大危害。学校在开展德育教育时没有重视对网络资源的利用，未建立网络德育阵地，无法有效推进德育教育工作的开展。

（二）家庭原因

1.家庭教育理念原因

一是很多家长都希望自己的子女成才，他们认为子女好好学习，在考试中取得高分就能成为优秀人才，这类家长没有重视子女的健康人格和良好品质。这和学校提到的全面发展相违背，无法有效推进德育教育的实施。二是在生活中，一些家长在教育子女时，没有正确评价一些社会现象，其家庭教育存在错误。学校教育要求学生要有爱心、尊重他人、学会关心他人。可当学生回到家后，家长教育学生说："小孩子又赚不了钱，你们的捐款只能由家长掏，也不知道把钱捐给谁，或许都让学校领导贪污了。"还有一些家长说："你们老师捐那么少，还让我们多捐，我们又不傻。"原本学生在接受学校教育时产生了社会责任感和同情心，他们希望能够帮助有困难的人，但回到家中却被父母一顿指责，导致学校德育教育失去了原有的意义。三是当前的大部分学生都是独生子女，家长溺爱孩子，导致许多学生存在任性妄为等性格缺陷，德育教育强调学生要与人为善、关心他人，但许多学生自私任性，这给德育教育的开展带来了一些阻碍。

2.部分父母综合素质不高

社会的形成离不开千千万万个家庭，家庭为学生提供了成长环境，家庭对学生的影响是巨大的，在学生道德养成、个性形成、身心发展等方面，家庭发挥着至关重要的作用。家庭教育和学校教育存在紧密的联系，当家庭教育能够与学校教育进行互动时，学校教育就能够顺利开展。父母是孩子的第一任老师，父母的言行举止、思想品质、道德观念等都会影响到孩子。大量事实表明，如果家长的道德素质高、拥有一定的知识涵养，在开展家庭教育时就能够帮助学生养成良好的品质，学生在这类家庭中成长可以受到父母的熏陶，其人格发展较完善；反之，则会影响到学生的健康发展。

3.家校教育的互动配合不积极

除家长的综合素质和家庭教育理念外，学校教育的配合也会给家庭教育发挥的作用带来影响，因此，家庭和学校必须加强合作交流，共同推进德育教育的开展，帮助小学生形成良好的品格。受到一些因素的影响，家长没有与学校老师进行多方面的沟通，一些家长只能通过电话或参加家长会与老师进行交流，学校开展家长会的次数较少，电话交流无法针对某些问题进行深入、全面的讨论，这导致老师无法及时向家长反馈学生的在校信息，家长缺少配合，一些学生的问题没有得到及时解决，思想出现滑坡，做出了一些失范行为。家长与老师进行交流时，只关注学生的成绩，没有重视孩子的思想道德和各方面的发展，不重视学生的综合素质，这会给学校开展德育工作带来一些阻碍。

（三）学校原因

1.学校德育观念落后

小学阶段对学生的成长和发展具有至关重要的作用，小学生的身心发展不成熟，对学校的依赖性较强。学校在开展德育教学活动时，必须重视德育发挥的有效作用，树立正确的德育观念，德育对于学生人格的塑造起着巨大的作用。观察现状可知，受到一些因素的影响，许多学校没有形成正确的德育观念，由于德育观念落后，导致德育教育工作在实施过程中存在诸多问题，不仅无法帮助小学生塑造和谐人格，还会影响到素质教育的推进。一是德育教育只重视知识教育，没有重视信仰教育。学校在开展德育教学时，将社会价值作为教育的主要内容，对信仰教育投入的关注过少，只强调个体的社会属性，没有重视个体的主体性，导致信仰教育陷入误区，这种教育缺少人文关怀。由于信仰教育存在偏颇，定位不明确，没有重视学生的自我价值，许多学生不认可或无法接受这种教育，一些学生对信仰教育漠不关心，还有一些学生产生了排斥心理。二是在开展德育教学时，不重视学生的主体性。一些学校在开展德育工作时，德育教师只是按照教育教学标准设定目标，将学生的社会适应性、满足社会需求的能力作为培养重点，没有重视学生在教育中发挥的主体作用，忽视了学生的全面发展，一些学生受到功利化思想的影响，其人格缺陷不断增加。三是在开展德育教育时，教育成效较差。当前，许多学校在开展德育教学时，挑选的德育内容存在一些不足，一些德育教师只重视学生的成绩，没有重视学生的整体素质，学生只能被动接受德育教育，他们对德育教育缺少认识和了解，德育教育课与学生的情感认知相脱离，难以为学生的实践行为提供指导。四是德育教育与心理健康教育缺少紧密的衔接。学校在开展德育教育时，只重视理论知识的讲解，对学生进行说教，没有重视学生的身心发展特点，一些学生在成长过程中产生了一些心理问题，由于心理教育与德育相脱节，导致学校无法实现立德树人的目标，这不仅会影响到人才的培养，还会增加学生的心理问题。

2.学校德育实施不到位

当今社会对人才的智力、专业能力投入了较多关注，不够重视人才的品德和人格。在这种社会背景下，在对学校进行评价时，主要是将升学率作为评价标准，家长在考察学校时，将学校的知名度、档次作为选择依据，学校的各类教育资源、良好的学习环境成为家长重点考察的内容。一些家长花费大量成本，将自己的孩子送到重点小学，希望孩子能够赢在起跑线上，一些名校的入学名额可谓"一票难求"，还有一些学校则无人问津。在这种不良社会风气的影响下，一些学校为了生存和发展，只能在升学率的提升、影响力的扩大上投入大量经费和资源，而德育工作又无法在短时间内获得显著成果，因此许多学校不重视德育工作。受到这些社会因素的影响，一些学校存在重智轻德的现象，学校在开展各项工作时对教学成绩投入的关注较多，没有重视德育教学成果。部分学校没有安排专门的德育老师，其他科目抢占德育课，德育考试不计入学生成绩，这导致德育教育失去了自身意义。流于形式的德育教育无法发挥有效作用，难以帮助学生塑造良好的人格，不能为学生的行为提供有效指导，也难以激发学生的学习兴趣。一些学校组织学生参与野外拉练、春游等活动，以此来陶冶学生的情操，增强学生的交际能力，让学生学会与他人进行交流沟通，培养他们吃苦耐劳的良好品德。在开展活动前，班主任、德育处积极参与方案的制定，对各个细节进行分析，预测活动效果，但在操作时却没有重视活动发挥的有效作用，这种活动只是一种简单的野外训练，无法在人格塑造、价值观培养等方面发挥作用。

（四）学生自身原因

1.学生身心成长发展变化大

我国实施改革开放的时间已经超过40年，在这几十年间，我国政治、经济、文化发生了巨大变化，公众的生活方式、价值观、思想观念也随之改变。小学生的身心发展也呈现出时代特征：一方面当经济实现快速发展后，公众的生活质量得到了显著提升，小学生的身体素质也得到了较大的提升。另一方面，随着网络技术的快速进步，网络普及率大幅度提升，小学生能够利用网络获取各类信息，这使他们的心智发展越来越成熟。但由于小学生缺少社会经历和人生阅历，其思想天真幼稚，身心尚未发展成熟，大部分小学生缺少自觉性，无法实施自我教育；小学生的感情细腻，其行为容易受到情感的影响；小学生思想活跃，好奇心强，但是缺少纪律观念。大部分小学生为独生子女，他们的家庭生活条件较好，许多学生缺少吃苦精神，一些学生沉溺于网络游戏、追星等活动中，他们的行为缺少可控性，如果不能够对他们进行科学引导，就会导致他们出现人格问题。

2.人格发展认知多元化

观察小学生现状可知，各类学生都存在多元人格，包括依从人格和独立人格、传统人格和现代人格等，一些学生热情开朗、勇于拼搏、重视个人利益，还有一些学生悲观消极、知足常乐、重视协调。许多学生重视自己的个性发展和个性解放，他们关注个人价值和个人尊严，这类学生逐渐朝着自我完善、自我设计的道路上发展；还有一些学生对家庭和父母的依赖较强，他们逆来顺受，从众心理严重，嫉妒心较强、爱慕虚荣；还有部分学生养成了趋炎附势、崇洋媚外的自卑人格。小学生缺少政治信仰，他们的民族意识薄弱，尚未形成完善的价值观和世界观，如果其思想意识和人格存在问题，不仅会影响到自身的发展，还会给民族的发展带来阻碍。对其原因进行分析可知：一是小学生缺少人格构成的某些因素；二是人格认知与行为存在脱节，二者无法实现统一；三是人格情感扭曲、人格缺陷严重；四是人格免疫力较差、缺少坚忍的意志、塑造能力较弱；五是人格呈现出病态发展趋势，双重人格、分裂人格等问题不断出现。

二、小学生和谐人格塑造的德育原则与对策

观察现状可知，在小学生和谐人格塑造方面，学校德育教育发挥的作用并不突出，这与个人因素、学校因素、家庭因素等存在紧密的联系。学校需要面向整个社会开展教育教学工作，在德育教育中，学校发挥着积极有效的作用，为了帮助小学生塑造和谐人格，改善其综合素质，学校应该履行自身职责，积极推动德育教育工作的开展。

（一）德育视角下小学生和谐人格塑造的原则

1.以人为本的原则

在开展德育工作时应该坚持以人为本的原则。学校德育属于自主自由的教育，它能够帮助个体完成自我建构。在开展德育教育时，不能将知识灌输作为教育的手段和方法，应该引导学生进行探索和尝试，学生个体具有鲜活性、生动性的特点，学校应该重视学生作为个体的独立性，引导学生进行探索，确保学生能够积极参与德育教学活动，并养成正确的道德观念，这能够为和谐人格的塑造创造良好的条件。按照以人为本的原则开展德育教育，即将人格发展权交给学生，以此来调动学生的积极性，促使其发挥主观能动作用，确保学生能够在精神、生理等层面实现自我发展。在开展现代教育时，一些教师对学生的管束过多，其教学思维僵化、教学理念落后。按照以人为本的要求，教师应该重视学生的主体性，让学生获得发展的主动权，引导学生对自己的时间进行支配，参与探究、实践等活动，确保学生的个体生命处在激活状态，帮助他们形成和谐的人格，促使其实现全面发展。在以人为本的要求下，教师和学生应该建立平等的关系，双方可利用多种渠道进行交流沟通，和谐的师生关系能够推进德育教学的开展，教师可为学生提供指导和帮助，解决学生在德育学习中遇到的问题。

2.统筹兼顾的原则

在小学生和谐人格培养过程中，德育发挥着积极作用，但它的实践操作具有一定的复杂性，因此必须按照统筹兼顾的原则开展德育工作。详细来讲，德育教师在开展德育教学时必须做到：一是协调发展与中心发展相一致。为了帮助小学生塑造和谐人格，必须重视他们的个体需求，以个体需求为基础，培养学生形成良好的人格，通过开展实践活动、学习活动，满足学生的个体需求。在塑造小学生的和谐人格时，德育教师既要重视学生人格的发展，也要对学生的个体需求投入关注。二是智力因素与非智力因素相统一。小学生的

智力因素受到非智力因素的影响。在开展德育教学时，教师应该对智力因素、非智力因素投入足够的关注，将两种因素放置在相同的位置上，这能够促使学生实现全面发展，有利于他们形成良好的人格。三是共性与个性的统一。德育教育人员必须具备整体观念，能够分清主次矛盾，按照学生的实际情况，培养他们的人格。四是培养目标与培养方式相统一。在开展德育工作和人格教育工作时，必须将人格培养方法和目标结合在一起，以此来提高学生的智力水平，改善他们的综合素质，帮助他们塑造和谐的人格。

3.与时俱进的原则

为了确保德育在小学生人格塑造方面发挥有效作用，必须坚持与时俱进的原则。近年来，社会发展速度日益加快，社会环境发生了显著变化，学校的教育内容应该与学生的实际生活相统一，教育教学必须具备时代特点，德育教育也应该与时代的发展相符。在开展德育教学时，相关主体必须坚持与时俱进的原则，按照时代发展情况转变教育理念，将优秀的传统文化融入德育教学中，丰富德育教学内容。还可以借鉴其他国家的一些成功经验和先进理念，以此来推进国内的德育教学的实施。重视德育与学生实际生活的联系，将生活中的一些信息、材料、元素融入德育教学中，为德育教学活动的开展提供资源支持。按照学生的实际需求和教学需要，加强各类主体之间的交流互动，重视学校、家庭、社会之间的合作，营造良好的德育教学氛围，通过交流和沟通，及时解决问题，提高社会资源使用效率，构建完善的互动网络体系，各类主体形成合力，共同推进德育教学的实施。在开展德育教学时应该遵循开放性原则，这主要体现在德育教学方法、教学过程的开放性，可以尝试和探索采用一些新的方法推进德育教学的实施，完善德育教学内容，通过开展德育工作，提升学生的综合素质。

（二）德育视角下小学生和谐人格塑造的对策

1.转变更新德育理念，发挥学生主体作用

坚持把德育摆在学校教育的首要位置。如今，我国已经进入世界百年未有之大变局时期，在该阶段，国内外形势发生了巨大变化，公众的价值观念呈现出多元化发展趋势，一些道德失范问题不断出现。积极开展道德建设工作，提高公众的道德水平，能够加快和谐社会的建设步伐，这也是社会发展的一个前提条件。在此形势下，学校在开展德育教学时面临着巨大的压力和挑战。近年来，有关德育的内涵、实施方法、实施路径、自身作用的研究不断增多，研究人员对这些问题进行了深入探讨和分析，从中发现德育工作的开展与其内涵有着紧密的关系。在新时代背景下，德育教师应该转变德育理念。我国教育规划纲要提到，德育工作的主要目标是立德树人。学校是开展教育教学工作的主体，学校为社会培养各类人才，在开展德育工作时，学校应该树立正确的德育观念，采用多种方法和手段推进德育活动的实施，将德育教育与社会主义文化建设相结合，按照时代发展特点，丰富和完善德育内容，提高学生的整体素质，帮助学生形成正确的价值观。应该站在战略角度看待德育的作用，学校必须履行自身职责，努力推进德育教学工作的开展，对德育教学投入更多的关注，采用实践、完善制度等方法加快德育教育步伐，拓展德育教育空间。

坚持把促进学生全面发展作为学校德育的根本目标。马克思主义认为个体的发展指的是所有社会成员的发展，包括个性、智力、体力等方面的发展。人的发展具有全面性、充分性和自由性。全面发展是相对片面发展来讲的，它指的是个体的所有能力都能够实现协调发展，全面发展包括了充分发展和自由发展。自由发展指的是个体在自愿的基础上发展才能、发挥潜能、释放力量；充分发展指的是站在程度层面看待发展，个体不断向着更高的层面发展。马克思主义重视人的全面发展，其现代理论的一个重要价值导向便是人的全面发展。德育必须重视人的全面发展，在开展德育教学时，教师应该运用多种方法和手段帮助学生实现全面发展，在新时期背景下，为了确保德育实现现代化发展，教育工作者应该及时转变教育理念，将个体的全面发展当作德育的一个重要导向，按照学生的身心发展特点、德育教学要求推进德育工作的实施，重视学生需求，对学生的人格发展、人格形成投入足够的关注，设定科学的德育目标，建立完善的德育机制，运用多种方法和手段完善德育内容，引导学生实现自我发展，增强他们的自我发展意识，确保他们能够在德育教育中有所收获，形成和谐人格。

2.发挥教师的主导作用，构建和谐师生关系

加强政策引导。在开展德育教育工作时必须重视德育教师的有效作用，只有建立一支优秀的教师队伍，才能够推动德育活动的实施。为了顺利开展德育教育工作，相关部门可出台一些政策和制度，将德育思想与管理活动相融合，营造良好的政策氛围，引导教师积极开展德育教学工作。我国出台的教育规划纲要提到，重视德育的地位，在开展教育改革时，将德育改革作为一个重点，这说明在学校的教育中，德育占据着首要地位。但是在实际操作中，学校和教育部门在出台相关政策时没有重视德育发挥的作用，在针对教师开展职称评定、教学评比、职务晋升等活动时，学校应该将教师的德育成果、德育经历纳入评比活动中，确保教师能够对德育工作投入足够的关注，加快德育队伍的建设和发展，调动教师的工作积极性，促使他们认真开展德育活动。

坚持项目驱动。一支优秀的德育队伍必须具备较高的素质、较强的专业能力。德育教师应该在文化水平、道德素质、政治素质等方面拥有良好的表现，同时还要养成自我发展、自我提高的良好习惯，能够按照社会的发展变化开展德育工作，提高德育教学水平，顺利实现德育目标。在建立德育教师队伍时，可遵循项目驱动原则，各类学校在进行课程建设、教学改革、科学研究、教学评比等活动时，重视德育教师的发展，不断完善他们的知识体系，提升他们的教学能力，增强他们的科研能力，引导德育教师完善自我，推动学校德育活动的开展。针对其他学科教师也可以出台一些政策，鼓励他们发挥特长，积极参与德育改革活动，在开展教师晋升、考核、职称评定等工作时，应该重视教师获得的德育劳动成果。

进行岗位交流。实践能够对真理进行检验，在开展德育教育时，必须将实践和理论相结合，这能够有效保障德育教学成果。德育教师应该按照教学目标和教学标准开展工作，同时积极参与一些实践活动，不断提升自己的教学水平，掌握更多的教学技能和方法，并

将这些方法应用在教学活动中，从而取得良好的教学效果。学校教育不能脱离社会，可针对德育教师制定和实施岗位交流制度，为教师提供参与实践的机会。德育教师和班主任、党团人员进行岗位交流，与学生进行多方面的接触，有利于他们顺利开展德育教学工作。学校还可制定兼职制度，使德育教师认识和了解学生的实际情况，按照学生的身心发展特点、发展规律、性格特征开展德育教学活动，达到在德育教学中取得理想成果的目的。

有的学校在开展德育教学时没有重视德育关怀，导致德育在实施过程中未取得良好成果。为解决该类问题，德育教师在开展德育工作时应该重视学生的主体性，与学生建立良好的关系，在开展德育实践活动时，教师必须尊重学生、关心学生，平等地看待学生，与学生建立互信互助关系，以此作为基础，开展德育教学工作，帮助学生塑造良好的人格，提高学生的思想道德水平。教师应该重视德育关怀，既要与学生构建和谐的关系，又要将关怀情感与教学活动相结合，以此建立完善的德育教育体系，提高自己的专业能力。教师应该运用多种沟通方法与学生进行交流，了解学生的个体需求，帮助学生掌握相关知识和技能，解决学生遇到的实际问题。教师不仅要具备较高的职业素养，还要掌握丰富的专业知识，能够在教学工作中贯彻关怀德育理念。以关怀关系作为基础，推进教学工作的实施，并且利用一些课外实践活动与学生加强互动交流，引导学生参与德育教学活动，让学生在活动中获得良好的情感体验。

3.建立互助的朋辈关系，激发学生自育能力

在和谐人格的内涵中，外在关系和谐是不可或缺的一个重要构成，在生活实践中，小学生的人际关系较差，外在关系没有达到和谐要求。其原因主要包括小学生只重视自身，没有关心他人，在与他人交往时，不重视他人的地位，将自己凌驾于他人之上，在这种失衡的人际关系中，双方很难获得良好的交流结果，这会导致人际关系破裂。假如个体将外部世界看成客观的对象性存在，此时对于个体来讲，外部世界只是生活的一种依托，个人无法与外部关系达到和谐状态，也难以形成良好的外在关系。前文在研究中提到，小学生人格存在一些缺陷和问题，这与他们的外部关系失衡存在紧密的联系。学校在开展德育教育时，必须重视学生的外部关系，确保学生之间能够建立和谐的关系，营造良好的德育氛围，加强学生之间的互动交流，引导学生站在平等的角度对待他人、看待世界，让他们能够正确地理解外部世界，这有利于他们与外部世界建立和谐的关系，既可以提高他们的人际交往水平，也能够帮助他们塑造良好的性格。

德育属于一种实践活动，在德育实践中，教师必须重视学生的主观能动性，学生并非只是教育的对象，学生具有独立的意识和思想。学校德育应该遵循以人为本的原则，重视学生的主体性，在开展德育教学时，教师应该将学生的现实情况与教学内容相连接，采用具有关怀性的教育方式，尊重和爱护学生，了解学生的身心发展特点，以此来调动学生的积极性，增强他们的主体意识。

一是，学校在建立管理机制时应该重视学生的主体性。每个学生都具有独立的人格，通过开展德育教育工作，引导学生参与一些管理活动，可以增强学生的主体意识，激发他

们的创造能力。德育教育的主体性还体现在学生对德育内容的挑选和理解，通过接受德育教育，学生实现内化到外化的转变，将自己学习到的知识应用到实践中，实现知行合一。

二是，学校必须重视学生的个体差异。世上不存在相同的两片叶子，每个学生都是独立的，他们具有自己的个性特点。在开展德育教学时，教师应该重视学生的差异，采取具有针对性的教学方法，重视学生的差异性，确保每个学生在接受德育教育后都能够有所收获。

三是，学校可以采用一些方法激发学生的能动性。教师在开展德育教学工作时，可按照学生的身心特点采用多种多样的教学方法，利用一些学生感兴趣的教学手段推进德育教育工作的实施，同时为学生营造良好的学习空间，鼓励他们积极主动参与活动，在此过程中激发他们的主观能动性。学校在开展活动时，应该重视学生的参与权、知情权，这能够增强学生的主人翁意识，他们在参与德育实践后，会对个人价值有深入的认识和了解。当学生的主体意识增强后，他们就会逐渐形成正确的价值观和人生观，并且学会与他人进行交流沟通，处理好个体与外部的关系，进而形成和谐的人格，不断提升自己的道德品质。

4.丰富德育的课程内容，拓展德育实施办法

和谐人格塑造要始终融会于德育教育的内容之中。当前，法治观念、科学观念是国内德育教育的主要观念，通过开展德育教育，将学生培养为合格的公民，确保学生能够理解各项法律制度，增强他们的法律意识，引导学生按照各项公共道德、法律制度参与社会生活。这些内容与各学科紧密联系，地理、历史、文学、艺术等学科中都包括上述内容。学校开设的课程与法律知识存在一定的联系，例如组织开展模拟竞选活动，这既能够激发学生的学习兴趣，还能够让他们掌握一些法律知识。为了帮助学生理解一些法令，也可以采用教学活动的方式，体育卫生教学便是将健康卫生法规应用在教学活动中。学校在开展德育工作时，必须重视学生和谐人格的塑造和培养，可采用预期社会化系统。在预期社会化过程中，学生能够对一些道德规范有深入的认识和了解，并且能够对社会发展规律、规范体系的形成、价值观的演变等有一定的了解，他们能够将个体行为、选择、需求与正确的行为联系在一起。开展德育教育可采用多种方式，教师利用不同的方式能够帮助学生塑造和谐人格，引导他们调整自己的预期，将一些客观现实成分添加到预期化过程中，以此来实现学生发展与社会发展的统一。

和谐人格塑造要符合德育教育的目标及要求。当前，我国开展的德育课与学生的生活、社会、职业相贴近，德育教育重视体验、实践和养成教育，能够将学生的行为养成、能力培养结合在一起，这种教育具有较强的针对性和实效性。通过德育教学，可以改善学生的综合素质，帮助他们获得一些职业能力。德育教育与时代发展相统一，以基础价值观作为指导，积极传扬社会正能量。将现代文明与民族传统美德融合在一起，以此来帮助学生形成职业道德，塑造他们的良好人格。此外，在开展社会主义建设时，我国取得了一些显著成果，可以将一些新理念融入德育教育中，以此来增强学生的责任感，激发他们的学习热情，提升他们的创新能力，帮助学生养成正确的价值观和社会观，让他们在社会实践

中获得良好的情感体验。德育教育重视能力的培养，学生创造能力的提升、人格意识的增强、知识结构的完善与德育教育存在紧密的联系。在经济活动中，学生可以通过辛勤劳动获得一些利益，也可以采用合法方式维护自身利益，德育教育能够让他们准确区分遵纪守法与违法违规的边界。

德育方法要适应学生身心发展规律。人格的形成需要经过较长的时间，学生需要在实践活动中不断提升自己的思想道德品质。学校在开展德育教育时，既要将教育政策和管理工作相融合，还应该重视德育教育和人格发展之间的关系。开展德育教学工作时不能只依赖于学校，还应该将社团组织、学生会等联系在一起，利用网站、电视、广播等媒体开展相关活动，组织学生参与募捐、义工服务、社区服务，以此来提升学生的实践能力。学生在参与这些活动时，能够对民主程序有一定的了解，并且可以掌握一些解决问题的知识和方法。在对学生进行评价时，必须重视学生的责任意识、奉献精神、吃苦耐劳的品质和团结精神等。教师在开展德育教学时，应该对学生的良好表现进行鼓励和表扬，这不仅能够激发学生的学习兴趣，还能够促使学生养成正确的学习习惯。教师也可以采用实践性、过程性等教学方法，有效提高德育教学水平。

德育途径要加速小学生和谐人格塑造。要开展丰富的社会实践活动，综合利用各种途径有效地实施现代人格培育。一方面要通过各种有益的社会实践活动使学生熟悉社会、了解社会，为承担社会责任、履行社会义务奠定基础；另一方面要将社会实践活动进行整合，有目的、有针对性地进行现实问题的人格教育。

首先，可以运用多种多样的方法开展德育教育。一是采用社会认同、自我识别等方法开展行为心理教育活动，帮助学生找出人格中存在的缺陷和错误，增强他们的受挫能力和包容能力，建立积极的心理防御机制，学会面对和克服困难。学生在建立心理防御机制后，可运用自我抑制机制、补偿机制、宣泄机制等消除不良情绪，以此来实现心理平衡，有效控制自己的行为。二是针对学生的人格塑造开展实践训练活动。引导学生参与各类社会活动和生产活动，他们在接触这类社会活动时，能够对社会有一定的认识和了解，这有利于增强他们的自我意识，帮助他们探索个人与社会的结合点，促使其实现社会化发展。在活动中，学生能够对道德准则、社会规范有深入的了解，实践活动可以提高他们的劳动技能水平，锻炼他们的意志，培养他们的吃苦精神，以此作为基础，帮助学生塑造良好的人格。三是组织学生参与一些公益活动、志愿者服务活动，让他们能够对一些职业有所了解，在实践活动中，学生能够对社会、国情等有所认识，他们能够处理好自身和社会的关系，这不仅可以增强他们的实践能力，还能够引导学生实现全面发展。

其次，可以借助大众传媒和高科技开展德育教育。当网络、计算机等实现快速发展后，网络对学生产生了巨大的影响。利用网络，学生能够获取各类信息，但是，网络中的一些黑客、色情等不道德行为也会给学生的健康成长带来危害。在开展德育教学时，可利用网络技术推进德育活动的实施。一是提升学生的辨别能力，确保他们能够对网络信息进行分辨。引导学生利用网络获取学习资源，收集资料，解决问题。但不应该受到网络的牵制，网络如同社会一样，学生应该自觉遵守网络道德规范，增强自律意识。网络并非知识的净土，网络中还充斥着一些不道德、色情、暴力等信息。二是开展网络人性化建设工作。学校可以采用一些科学有效的方式主动出击，对一些不健康网站进行关停，建立网络学习中心，组织学生参与网络活动，如网络主题会、网络知识竞赛等，引导学生学会正确运用网络，加强学生之间的交流沟通，利用网络为学生营造良好的学习氛围，帮助学生塑造和谐人格。

5.完善德育的评价体系，优化学校德育环境

完善德育评价体系详细来讲，应该做到以下几点：一是设定明确的评价目标。在评价德育工作成果时，不能只将学生的成绩作为评价内容，必须重视学生在德育教育中的自我觉醒、自我提升，确保学生能够养成正确的行为习惯，塑造良好的性格。二是评价内容必须全面。德育评价既要包括道德素质、政治素质等内容，还应该将学生的集体意识、人际交往、自我管理、法治意识等作为评价内容，避免学生做出欺凌他人、道德失范等行为。三是评价主体应该具有多元化特征。在开展德育教学时，教师可以对学生的德育成果进行评价，同时也应该重视学生的地位，在开展评价工作时，鼓励学生参与其中，学生可对自己的表现进行评价和分析，还可以将家长、同学、社区等纳入评价主体中，对学生道德进行全面的评价。四是应该采用科学有效的评价方法。可以将定量和定性评价结合在一起，采用定性分析的方法对学生的德育情况进行评价分析，将终结性和阶段性评价相结合，运用约谈、问卷调查、观察等多种方法开展评价工作，以此来了解学生接受德育教育的情况。

学生的人格问题主要体现在文化与信念、价值观、行为等方面。在帮助学生塑造和谐人格时，必须重视德育教育和自我努力发挥的作用。如今，我国已经进入百年未有之发展大变局阶段，社会发生了巨大变化，在开展德育教育时，应该充分利用各种资源，提高资源使用效率，从多个层面、多个角度开展教育教学工作，为德育教学的开展提供更多支持和帮助。德育教师可采用多种方法实施德育活动，应该重视实践和互动发挥的有效作用。要从单纯的知识化传授到尊重学生情感体验及情感发展；从单向灌输到双向互动；重视德育教育的非智力领域的创新研讨与实践。以此，逐渐在整个校园形成良性的、可持续发展的德育生态环境。

第三节　提高心理素质

良好的心理素质对学生健康成长具有深远影响，小学教师要关注学生心理健康，培养学生良好的心理素质，使学生形成乐观开朗的性格，从而促进学生健康成长和全面发展。教育改革的不断深入发展，对德育教学提出了更高要求，小学教师必须重视德育教学中对学生心理素质的培养，根据学生心理特征开展有针对性的教学活动，从而实现学生心理素质的提升，使学生乐观面对生活，积极解决所遇难题，以此达到德育教学的目的。

一、在小学德育教学中培养学生心理素质的重要作用

小学生的心理素质普遍较差，幼小的心理极易受到伤害，为了能够提高他们的心理承受能力，使他们积极面对生活难题，教师必须采取措施培养学生的心理素质，促进其心理素质不断提升。小学德育教学对学生的健康成长具有重要意义，能够帮助学生树立正确的观念，使学生在日常生活中注意自己的言行。在小学德育教学中培养学生的心理素质符合时代发展需要，学生作为社会主义的接班人，自身必须具备坚定的信念和顽强的毅力，积极应对挑战。对于小学生而言，他们的认知能力较弱，可能无法认识到自己身上的职责，教师要帮助学生认清自己身上背负的历史使命，让学生把个人发展与国家发展结合起来，荣辱与共，使学生保持难能可贵的精神品质，成为一名合格的社会主义接班人。教师在德育教学中一定要重视学生心理素质的培养，促使学生的意志力不断提高，使学生在成长过程中勇于面对困难，积极应对挑战，从容面对生活，从而提高学生的综合素质。

二、在小学德育教学中培养学生心理素质的策略分析

（一）和学生平等交流沟通，引导学生树立正确观念

在小学德育教学中，教师要尊重学生想法，理解学生观点，轻言细语地对学生作出指导，和学生保持民主、平等关系，使学生信任自己，愿意把内心的真实想法分享出来，以此和学生构建良好的师生关系。

小学生的生活阅历有限，没经历过大风大浪，可能无法深刻感受到人生的价值和意义。教师要帮助学生认清人生的价值是什么，让学生明白怎样活着才有意义，使学生乐观面对生活。对于小学阶段的学生而言，他们常常会在无意识下犯错，教师切勿直接指责学生，切忌严肃批评学生，避免给学生的心灵带来伤害。教师应当耐心地给学生分析错误，让学生意识到自己所犯的错误，这样可以让学生日后更注意自己的言行，从而保持良好的行为习惯。在当前多元化背景下，小学生易受周围不良风气影响，教师要高度关注学生的心理健康，引导学生树立正确的思想观念，使学生能够客观辨别事物，以此提高学生的认知能力。教师应当根据学生的综合情况制订具有针对性的德育教学计划，实现学生心理素质的有效培养，促使学生健康快乐成长。

（二）帮助学生克服心理问题，提高学生意志力

为了让学生形成乐观开朗的性格，教师要帮助学生克服心理问题，使学生能够在学习中和生活中从容地对待一切事物，保持积极向上的心态，成为一个正能量满满的人。

在小学德育教学中，教师可以给学生讲解一些励志的故事或者让学生观看一些励志的视频，以此激励学生，使学生保持乐观的人生态度，从而实现学生心理素质的提升。比如，教师可以给学生讲解一些著名人物的成功事迹，或者让学生观看一些励志演讲视频，让学生了解成功背后所要付出的努力，使学生明白成功来之不易。励志故事的讲解和视频观看可以更好地触动学生心灵，使学生在潜移默化中受到感染，对提高学生的意志力有很

大的帮助作用。随着人们生活水平的不断提高，很多学生享尽了家中宠爱，被家人保护得极好，就像温室里的花朵，在成长过程中得到了非常好的呵护，他们很难独立自主解决难题，遇到一点小麻烦，可能便无法承受，很容易受挫。因此，在德育教学中对学生进行心理辅导至关重要，教师要多给予学生正能量，使学生能够积极面对一切难题，保持良好的心态，以此培养学生独立解决困难、应对困境的意志力，促使学生成为一个具备顽强意志力的人。

（三）拓展课外活动，培养学生的心理适应能力

小学德育教学形式应该丰富多样，以此增强学生感悟。教师可以组织学生开展实践活动，在活动中培养学生的心理适应能力，以此促进学生心理健康发展。当代小学生很少受苦受难，教师可以组织学生开展能够锻炼心理承受能力的活动，使学生在此过程中磨炼意志。比如，教师可以组织学生爬山；或者进行障碍运动比赛；或者给学生设置有一定难度的任务，让学生合作，在规定时间内完成。通过活动的开展，能够在一定程度上提高学生的心理适应能力，增强他们的忍耐力，这对促进学生心理素质的提升发挥着重要作用。另外，教师在日常德育教学中，一定要多鼓励学生，并帮助学生认清自我，给予学生具有针对性建议，使学生更好地应对生活。培养学生的心理素质是教师的本职工作，教师应当尽全力解决学生的心理问题，给予学生心理辅导，使学生健康快乐成长。

综上所述，小学生的心理素质培养极其重要，教师要关注学生心理健康，在德育教学中渗透心理素质教育，以此促进学生心理素质的不断提升，使学生形成乐观的人生态度，具备顽强的意志力，积极面对挑战，从而促进学生综合能力的发展。小学教师要深刻地认识到教育改革的重要性，尽全力去培养学生，努力做好自己的本职工作，认真对待学生心理问题，及时给予学生心理辅导，从而促进学生健康快乐成长。

第四节　增强社会责任感

古人视责任为美德。努力奋斗，勤俭劳作，是责任感的克己；处处为他人着想，牺牲自身，是责任感的奉公；自觉脚踏实地，甘愿洗尽铅华，是责任感的诚挚。责任感是什么？现代学者将责任感定义为思想道德素质的重要内容，是一种自觉主动地做好分内、分外一切有益之事的精神态度。

一、为什么要对小学生进行责任感培养教育

小学生处于人生发展的初始阶段，犹如人生的阳春三月，既有明媚的阳光，又有霏霏的春雨，正是耕耘和播种的好时节，对他们播撒怎样的种子，施以怎样的教育直接影响他们的成长和发展。当代的小学生更容易"扣不好人生第一粒扣子"，需要教师对学生进行责任感培养、教育、引导。

二、如何在德育教学中开展责任感教育

（一）品德课堂中强化自我责任感

品德课堂是培养学生责任感的重要场所。教师可以在班会课或品德课教学中，通过丰富的案例和故事，引导学生理解责任感的内涵。例如，在小学五年级道德与法治课堂上，教师依托《担当家庭责任》一课，通过讨论和互动，学生认识到在家中分担家务的重要性。通过引导，学生深刻意识到父母的辛勤付出，从而激发他们愿意在生活中承担责任，为家庭作贡献的热情。

在小学一年级道德与法治《我们的校园》一课中，教师向学生展示校园里的垃圾、墙上的足球印等不文明的现象，通过引导学生辨析对错，激发学生自我反思，引导学生去思考自己要如何爱护自己的学校，以增强学生们的主人翁意识。

（二）社会实践中培养对他人的责任感

校园不是"象牙塔"，把课堂道德教育与社会实践相结合，是培养学生社会责任感的有效方式。比如说学校举办的"温情三月，暖心义卖"活动，就可以让学生通过实际行动体验对他人的关爱与责任。在活动中，学生们自愿捐出物品并摆卖，所得款项用于帮助有困难的同学。这种亲身参与的实践，让学生切实感受到帮助他人的快乐和责任，培养了他们关心他人的情感和行为。活动结束后，学生们进行了反思和分享，这促使他们更深刻地理解责任感的重要性，体会到对他人的关爱不仅是一种义务，更是一种责任。通过社会实践，学生们逐渐形成了关心社会、关心他人的责任意识。

（三）主题班会中加深国家责任感

主题班会是培养学生良好思想品德的重要阵地。在一个主题为《努力奋斗，新时代的小主人》的班会上，教师就通过播放有关国家发展和新时代的视频，让学生了解国家的伟大成就和前进步伐。通过学习，学生们认识到国家的繁荣昌盛与每个人的责任是分不开的，他们从心底感受到作为新时代的小主人，肩负着实现中国梦的使命。教师鼓励学生从自身做起，为国家的发展贡献一份力量。通过分享优秀人物的故事，学生们意识到每个人的奋斗都能影响国家的进步。这样的主题班会激发了学生的爱国情怀和责任感，使他们明白每个人都有为国家发展需要肩负的使命。

（四）"导心"为上，以实践行动启航责任感成长之路

习近平指出，人生的扣子从一开始就要扣好。少年强，青年强，则中国强。少年时期是价值观养成的关键期，我们要努力培养学生勇于担当时代赋予他们的责任。长期以来，我们开展的品德课、主题班会、走出课堂活动等一系列"导心"教育一直吸引着学生的注意力，其热烈的分享和讨论，使得责任感这一主题得到升华，从而不断提升着学生的责任感。但这一主体要实现飞跃，最终还是唯有动其心，坚其行，才能塑其志。正如我们常说真正的教育与其说是言辞，毋宁说是在实践。为此，教师要以自身为榜样，走进学生的内心，告诫学生勿以善小而不为，要积少成多，要自律自强，对长辈要孝敬，对他人要关

心，对国家要学会奉献，对生活要学会感恩，鼓励学生以实践行动启航责任感成长之路。

　　作为一名教师，肩负着培养学生优良品质的重任，作为人类灵魂的工程师，在培育学生良好人生观、价值观上更有不可推卸的责任。在德育中注重培养学生的责任感，学生在未来的道路上才能更加自律、善待他人，做出对社会、国家有益的事，成为合格的未来的建设者和社会主义的接班人。

第四章　小学德育模式的构成要素

第一节　小学德育目标

一、小学德育目标的特征

中国社会经过 40 多年的改革开放，在政治、经济、科学、文化领域都发生了翻天覆地的变化，随着国际国内环境的变化，学校德育基础也随之发生了变化，学校德育目标也在根据政治经济发展的要求、自身的发展规律和学生个体的需要而不断地调整、发展和充实。本节将通过阐述中国社会政治、经济、社会思潮发生的变化、德育自身的发展以及小学德育目标政策文本的变化来整体呈现这 40 多年来我国小学德育目标的发展特征。

（一）德育目标始终坚持统一的社会主义政治方向

纵观 40 多年小学德育目标的变化，一直没有发生改变的就是学校德育目标的社会主义方向。无论是改革开放初期理想主义色彩和政治意识较浓的"为共产主义事业的接班人打下基础"的教育，还是到后来的"为社会主义建设各类人才打下基础的教育"以及到现在"要始终坚持学校德育的正确方向，坚持把培养'四有'公民作为根本目标，努力培育社会主义事业的合格建设者和可靠接班人"，都体现了这一社会主义的政治方向没有动摇。

1.德育政策

2017 年《中小学德育工作指南》明确提出中小学德育的总目标是：培养学生爱党爱国爱人民，增强国家意识和社会责任意识，教育学生理解、认同和拥护国家政治制度，了解中华优秀传统文化和革命文化、社会主义先进文化，增强中国特色社会主义道路自信、理论自信、制度自信、文化自信，引导学生准确理解和把握社会主义核心价值观的深刻内涵和实践要求，养成良好政治素质、道德品质、法治意识和行为习惯，形成积极健康的人格和良好心理品质，促进学生核心素养提升和全面发展，为学生一生成长奠定坚实的思想基础。2015 年最新版的《中小学生守则》第一条就是：爱党爱国爱人民。了解党史国情，珍视国家荣誉，热爱祖国，热爱人民，热爱中国共产党。

2.德育课程

小学阶段的德育课程主要包括了班会课和道德与法治课，此外，还有隐性课程，即通过塑造积极的校园环境和班集体氛围，在潜移默化中促进学生品德结构的完善和人格的完整。

道德与法治课是为义务教育阶段学生品德养成开设的专门课程，是落实立德树人根本任务的关键课程，发挥着不可替代的作用。它在小学阶段重在启蒙道德情感，引导学生形成爱党、爱国、爱社会主义、爱人民、爱集体的情感，具有做社会主义建设者和接班人的美好愿望。通过教学内容引导学生形成正确的人生观、价值观，并提升他们的社会责任感。在这个课程中，学生会了解到党的领导、国旗、国徽、少先队、共产主义、党的生日等，以及新中国的成立和改革开放的历程，这些内容都体现了社会主义的政治意识形态。

3. 德育活动

德育活动在小学阶段占据着重要地位，包括常规性活动和临时性活动。常规性德育活动是固定的、日常执行的活动，例如升降国旗仪式、入队仪式、班级晨会、六一儿童节庆祝活动等。这些活动通过培养学生遵守规章制度、树立积极价值观等塑造学生的品德。

临时性德育活动根据时局和情况而设，例如"学英雄""抗洪抢险""反疫救灾"等。这些活动都强调了社会主义核心价值观和英雄模范精神，让学生在具体事件中深刻领悟社会主义核心价值观的内涵。

（二）由单一的思想政治教育目标向多元的德育目标发展

在过去，小学德育主要聚焦于思想政治教育，着重向学生灌输特定的意识形态，以培养符合特定价值观的公民。然而，随着社会的深刻变革和教育理念的不断更新，人们对德育目标的要求也发生了重大的转变。

1. 多元德育目标的兴起

现代社会对个体的全面素质要求越来越高，仅仅注重政治教育已不能满足学生的成长需求。小学德育目标逐渐从单一的思想政治教育目标转向多元化的德育目标，包括但不限于道德品质、社会责任、人际交往、创新能力、情感管理等。

2. 培养全面公民

多元德育目标的发展旨在培养具备全面素质的公民。除了政治意识形态，还强调道德判断力、情感态度、人际关系、社会责任等。这样的发展有助于学生在不同的社会角色中更好地适应和表现。

小学德育目标转变为从单一的思想政治教育目标向多元的德育目标发展，这也将社会需求和教育理念更新为以培养全面发展的公民为根本目标，促使学生在道德、知识、情感、技能等多个维度得到综合提升。

（三）由重品德知识传授到关注品德整体结构

1. 传统品德教育的侧重点

以往的小学德育目标强调品德知识的传授，注重向学生灌输各种道德准则、规则和规范。这种教育模式主要关注学生对正确与错误、好与坏的判断，以及对道德榜样的认知。

2. 品德整体结构的提出

随着教育理念的发展，现代小学德育目标逐渐关注品德整体结构的培养。这意味着除了品德知识，还包括情感态度、价值观念、道德情感等方面的塑造。重点不仅在于知道什么是对的，更强调培养学生内在的情感、态度和行为。

3.情感态度的培养

现代德育目标认识到情感是品德培养的重要组成部分。培养学生积极的情感态度，使他们能够真实地关心他人、感受他人的需求，从而更好地融入社会和群体。

4.价值观念的塑造

德育目标从传授固定的价值观转向培养学生形成独立、合理的价值观念。学生需要逐渐形成自己的人生观、价值观，以便在面对各种情境时能够作出恰当的道德判断。

由重品德知识传授到关注品德整体结构的小学德育目标的转变，反映了对学生全面素质的更高要求。这一转变使得品德培养更具有内涵，更加关注学生的情感、态度、价值观等多个维度，从而使学生更好地适应社会发展和促进人生成长。

（四）由关注德育的社会功能到开始关注德育的本体功能

1.社会功能与德育

在过去，小学德育目标主要关注德育的社会功能，即培养学生为社会建设作出贡献的能力。教育的重点在于培养学生具备为国家、社会服务的责任感和使命感。

2.本体功能的引入

随着教育理念的深化，现代小学德育目标开始关注德育的本体功能，即培养学生内在的品德素质、人格养成，使其成为更好的人。这一变化从更根本的角度出发，强调个体的内在成长和发展。

3.个体品质的培养

本体功能强调培养学生良好的品质、情感、行为，使他们具备独立思考、自主决策、自我管理的能力。重点在于学生内心的成长，而非仅仅为了社会而德育。

4.培养人的本质

德育的本体功能强调培养学生优秀的人性，培养他们善良、正直、自信、坚韧的个性，使其在成为更好的人的过程中，也能对社会发挥更积极的作用。

5.关注心灵的健康

德育的本体功能注重学生心灵的健康成长，培养他们具备情感管理、心理调适等能力。这有助于学生在面对挫折和压力时能够更好地应对，保持心理健康。

6.人格的塑造

本体功能的德育目标追求学生的人格完善，使他们具备诚实守信、友善互助、有责任感的品质。这种人格塑造将伴随学生终身，影响他们的行为和选择。

7.自我认知与自我价值

关注本体功能的德育目标能够帮助学生更好地认识自己，树立自信心，形成积极的自我价值观。这有助于学生在面对自我认知和自我评价时更加积极健康。

8.社会发展与人才培养的结合

强调本体功能的德育目标与社会发展和人才培养相结合。优秀的人格和品质是社会所需要的，学生的内在成长与社会需求相互匹配，有助于个体和社会的共同进步。

总之，由关注德育的社会功能到开始关注德育的本体功能的小学德育目标的转变，体现了对学生整体发展的更深层次的关注。通过培养学生优秀的品质、人格养成和内在素质，使他们成为积极向上、有正确价值观的人，为社会和个体的共同进步作出贡献。

第二节　小学德育内容

新中国成立以后，德育内容随着德育目标的变化发生着改变。在不同时期，德育内容在呈现出典型时代特征的同时，也在不断修正、丰富和完善。

一、共产主义道德教育全面渗入（1949—1965）

（一）强调社会主义教育

建国初期，为了适应培养有社会主义觉悟的、有文化的劳动者的德育目标，在德育内容上重视对学生进行共产主义道德教育。道德教育在该时期主要有三种具体表现："五爱"教育、"雷锋精神"教育和劳动教育。

1."五爱"教育

"五爱"教育是建国初期学校德育的基本内容。1951年8月，第一次全国初等教育工作会议通过了《小学暂行规程》，规定在小学实施德育、智育、体育等全面发展的教育，德育课程内容是进行"爱祖国、爱人民、爱劳动、爱科学、爱护公共财物"的国民公德教育。1954年11月14日《人民日报》发表社论："教育中小学生在生活中体现集体主义精神，克服自私心理；教育他们积极劳动、尊重劳动；提倡创造精神，克服依赖保守；尚俭戒奢，培养忠诚国家、老实的品质。"这一时期的五爱教育受政治因素的影响，爱国主义教育是核心内容。当时，小学德育工作普遍将以抗美援朝为背景的爱国主义教育作为学校德育工作的重要内容，加强学生的国家观念与国家意识，培养学生的国家责任感，鼓励学生积极投身于建设社会主义的伟大实践中。因此，五爱教育的提出在本质上并不仅是建立新的道德标准，不仅是伦理性的规范，也是政治性的，是历史性的，它清楚地指向"为无产阶级政治服务""为工农服务"的教育方针，就当时国内局势来说，五爱教育为培养共产主义革命事业接班人作出了突出贡献。

2."雷锋精神"教育

20世纪50年代起，学习英雄人物高尚的思想品德成为小学德育的主要内容。1963年2月15日，共青团中央发出《关于在全国青少年中广泛开展"学习雷锋"的教育活动的通知》，1963年3月5日，《人民日报》发表毛泽东"向雷锋同志学习"的题词，号召全体人民学习雷锋的共产主义精神，全国小学普遍开展学习雷锋精神活动，"结合学校工作特点，从青少年儿童的实际出发，要求学生认真学习雷锋爱憎分明的阶级立场；刻苦学习、力争上游的革命精神；关心集体、克己助人的共产主义风格；艰苦朴素、勤俭节约的优良作风；自觉服从祖国需要，全心全意为人民服务的崇高品质等"。经过广泛深入的学习，小学生的共产主义道德修养普遍提高，"全心全意为人民服务"的雷锋精神更为广大青少年所追捧，甚至成为他们毕生的追求，雷锋精神深入人心，在学校德育中深深扎下了根。雷锋精神的学习不仅丰富了当时的德育内容，也反映出当时特定社会需要的政治品质，这些道德品质对于塑造学生的理想人格有很大的促进作用。

3.劳动教育

1953年是新中国从新民主主义向社会主义过渡的转折时期。该时期新的总路线为"培养社会主义社会的自觉的、积极的建设者和伟大祖国的保卫者"。根据总路线的要求，在《关于整顿和改进小学教育的指示》中认为小学生毕业后主要是为了参加劳动生产，所以在学校中应侧重对学生的劳动教育而不应该是如何升学。

"劳动光荣、劳动第一"的标语迅速在全中国流行，成为改造社会和进行教育革命的有效武器。学校加大对劳动教育的实施力度与宣传，在教材与教学中广泛渗透劳动教育的思想观念，让学生知道学习就是为了劳动，参加生产就是为祖国建设服务，将劳动看作学习本身，让学生热爱劳动。

劳动教育没有停留在字面意思，而是深入到精神学习层面。1957年召开的第三次全国教育行政会议提出，为了让学生成为社会主义社会全面发展的人才，着重培养学生艰苦奋斗的精神，加强劳动教育和纪律教育，培养学生的共产主义观和道德品质。劳动教育成为学校德育的重要内容，反映出新中国学校德育在意识形态上的进步和发展，体现了新时代我国小学生的精神面貌，体现了尊重劳动、尊重劳动人民的精神品质，表达了人们对美好生活和理想社会的向往和追求。在其后的小学德育发展历程中，虽然在形式上或多或少出现了一些问题，但是学生道德品质的培养始终没有离开劳动教育的支撑与支持，成为我国德育大家庭中极其重要的一部分。

（二）重视阶级斗争教育

阶级斗争教育在1957年以后成为最主要的内容。1957年2月，毛泽东在最高国务会议第十一次扩大会议上特别指出："阶级斗争还没有结束……阶级斗争是长期的、曲折的，有时甚至是很激烈的。"阶级教育在建构初期"重燃战火"，阶级教育话语很快上升至绝对主导地位。人们的阶级斗争意识与观念日益强化，学校作为培养人才的阵地，成为进行阶级教育的关键场所，阶级斗争教育更是思想政治教育的核心所在。1957年8月27日，教育部在《关于对中学和师范学校学生进行社会主义思想教育的联合通知》中将下半年度的政治课内容改为进行以阶级斗争为中心的社会主义思想教育，使学生受到实际的阶级教育，提高社会主义思想觉悟。政治课程也相应改变为"社会主义教育"或"共产主义教育"，内容主旨皆突出阶级斗争意识，因为"如果我们不加强对青少年的阶级、阶级斗争的教育，听任资产阶级思想侵蚀，即使生长在社会主义的青少年也有变坏的危险"，所以，"我们一定要把反对资产阶级思想侵蚀青年的斗争进行到底，把道德教育作为一项经常的教育任务，贯彻到各项实际斗争中去"。阶级矛盾成为当时国家的主要矛盾，学校课程中教育的政治功能突出。如开设的"青少年修养"课程，主要内容是从阶级斗争立场出发，讨论"为什么离开阶级斗争就无法明辨是非善恶"等问题，阶级斗争教育成为当时教育的重点。

（三）倡导民主纪律教育

在学校中实行民主管理，是老解放区小学教育工作的重要经验。新中国成立后，坚决要求肃清封建专制主义在教育中的影响，倡导民主管理学生的方式，帮助学生树立正确的民主观念。为了整顿教学秩序，民主管理中最突出的内容就是加强学生自觉纪律的教育。1952 年 3 月，教育部颁布《小学暂行规程（草案）》中将遵守纪律列为小学德育工作的主要内容之一。1953 年 11 月中央人民政府政务院在《关于整顿和改进小学教育的指示》中，强调要处理好民主与纪律的关系。"应该依靠耐心的说服教育，既要禁止采用体罚和斗争等粗暴方式，又要反对放任不管。应该加强纪律教育，使学生养成自觉遵守纪律的习惯"。在此之后，小学思想品德教学逐渐偏重于日常行为规范和道德品质的培养。1955 年《小学生守则》颁布，关于纪律的内容将近占一半篇幅，基本围绕学生的日常生活和学习展开，各项行为准则与品德要求旨在让学生成为好学生，纪律教育成为该时期的重点。1963 年，中共中央颁发《全日制小学暂行工作条例（草案）》，提出加强对学生的文明礼貌和日常行为规范教育，"教育学生尊敬教师和长辈，对同学、兄弟姊妹要互助友爱，对人要有礼貌。要教育学生不懒惰，不说谎，不自私自利，不奢侈浪费"。纪律教育的内容除了政策文本的约束，还通过榜样教育加以实施。通过报刊、电影与广播，配合学校德育工作，宣传英雄事迹，积极营造全国上下革命氛围。学生一边接受日常行为规则的约束，一边陶冶革命主义、社会主义情怀，培养优良的习惯与品质。

二、思想政治教育全面展开（1966—1976）

（一）学习毛主席语录与思想

1969 年中共九大报告中指出，无产阶级要"把文化教育阵地牢固地占领下来，用毛泽东思想把他们改造过来"。在此期间《红旗》关于教育领域的一系列文章的核心皆是"坚持把政治教育作为一切教育的中心""坚持以阶级斗争为主课"，激进的政治目的显露无遗。1972 年到 1976 年，学校陆续恢复思想政治课，但是没有统一的教材，主要以"语录"、马列和毛主席著作选读、政治文件、报刊文选，以及政治运动和大批判为主。小学生的主要任务是学习毛泽东语录以及其《在中国共产党全国宣传工作会议上的讲话》，内容晦涩难懂。要求中小学教师以《毛泽东选集》《毛泽东教育革命》和马克思、恩格斯、列宁、斯大林的著作以及中央的最高指示为研读和讨论的对象。教师和学生人手一本《毛泽东语录》，每天阅读，每天学习。学校政治课以"突出无产阶级政治""毛泽东思想挂帅"为号召，推崇个人崇拜。在这股思潮的推动下，传统文化中推崇的道德观（如尊重老师、孝敬长辈的伦理道德知识）被摒弃，忠于革命、忠于领袖是该时期德育内容的中心观点。毛泽东语录以及毛泽东思想成为学校教育中取之不尽用之不竭的精神源泉。学生学会运用毛泽东思想来解决身边的种种问题，认为毛泽东思想能够战胜一切困难，解决一切问题。

（二）批判传统旧思想，学习科学新知识

1966 年 5 月 16 日，中央政治局扩大会议通过的《中国共产党中央委员会通知》中指出："我们必须遵照毛主席的指示，高举无产阶级'文化大革命'的大旗，彻底揭露那些反党反社会主义的所谓'学术权威'的资产阶级的反动立场……清洗这些人。"1967 年初，中共中央要求小学生"积极参加本校的无产阶级'文化大革命'，进行斗、批、改"，彻底改革旧的教育制度，组织学生参加各种各样的政治活动。在这场阶级斗争中学生以"锻炼自己，把自己培养成为无产阶级革命事业的接班人，成为毛主席的好学生"为努力方向。为了让学生了解阶级运动的重要性，学校开展批判旧传统运动。首先是批判封建主义思想，传统文化与传统道德，尤其是儒家思想遭到严重抨击。学校的《三字经》《弟子规》《千字文》等旧书是小学生口诛笔伐的对象。其次是批判资本主义思想和资产阶级的生活方式。无产阶级与资产阶级之间没有中间道路，无产阶级的思想是先进优良的，资产阶级的思想是腐朽落后的，严厉批判追名逐利、好享受的思想。最后也是最关键的是批判修正主义教育路线。误解学校教育是在培养资产阶级接班人，认为知识越多越反动，应该将文化知识慢慢从德育中驱逐出去。

但在后期，科学文化教育重新受到重视，"文革"末期开始强调青少年的科学文化学习。1975 年 6 月至 10 月，《教育革命通讯》连续发表了《全面关怀青少年的成长》《培养无产阶级革命接班人的正确道路》《研究基础理论为社会主义建设服务》《按照马克思主义认识论搞好基础理论研究》《实用主义教育思想剖析》等文章和评论。其中鲜明指出小学生应该学习社会主义革命和建设所需要的科学文化知识。批评了重视基础理论课教学"便是搞智育第一，便是走回头路"的错误认识，也批评了"以劳代学"的实用主义思想。随着"四个现代化"的提出，开始重视青少年学生的科学文化知识学习。教育界也逐渐认识到文化教育出现了问题需要整顿。1975 年教育开始全面整顿。时任教育部部长周荣鑫指出："四个现代化需要培养人，不培养人是要拖后腿的！"强调正确认识毛泽东革命路线，明确要把培养无产阶级革命事业接班人和适应四个现代化的需要统一起来，不能割裂开。自此，开始进行大大小小的整改，直至 1977 年进入全国范围的整顿。

三、政治教育的淡化与现代德育体系的初步形成（1977—1999）

根据德育目标的划分，改革开放后的德育内容也相应划分为两个阶段。第一阶段德育内容在政治化依然存在的同时，以社会主义现代化建设为价值导向的"五爱教育"开始兴起。第二阶段德育内容体系开始规范化、科学化。"五爱教育"成为新时期德育主题，共同理想教育对德育工作提出了新要求，学生的国民公德教育是这一时期的重点内容。

（一）政治理想教育与"五爱教育"同步进行（1977—1985）

1.以革命道德品质学习为主的理想政治教育

1978 年 1 月，《全日制十年制中小学教学计划试行草案》中规定政治课的教学任务是对学生进行共产主义教育和政治常识教育。根据这一教学计划，人民教育出版社于1978年出版了一套全日制十年制小学《政治》教材，教学对象为小学四五年级学生。教材共4册，分8个单元共49课，供全国使用，一直到1981年。通过每一篇课文的标题，可以清晰地感受到当时的德育教材充斥着革命性的历史内容，几乎每一篇课文都选材于历史、革命事件或者革命领袖重要事件。主要学习由历史和社会所造就的革命情感，学习伟人们的高尚品格和革命群众的集体力量。第二册《做共产主义事业的接班人（一）》中《向雷锋同志学习》《学习和执行三大纪律八项注意》《自觉遵守纪律》《团结友爱》《英勇对敌》是要学生学习革命精神与革命道德；第三册《做共产主义事业的接班人（二）》中《为人民服务》《艰苦奋斗》《忠诚老实》《批评与自我批评》《民族团结》《共产主义精神》集中宣扬革命化与政治化的道德品质。道德教育内容以塑造学生个体对祖国的无限忠诚和对集体的无条件服从为主要目标，培养学生的奉献精神、集体荣誉感与革命情怀。共产主义革命道德成为该时期道德教育的重要特征。

该时期的政治理想教育分为两个部分。一部分是初步的辩证法思想，通过名人故事、生活常识等内容讲授印证"一切从实际出发、实践出真知、事物都是一分为二的、事物是发展变化的"四点辩证法思想，使学生建立基本的世界观，能够学会正确看待各种思想观点。另一部分是"建设伟大的祖国，树立崇高的理想"。在世界观学习的基础上认识我们的国家、我们的党，学习马列主义、毛泽东思想与共产主义思想，体现了科学性。但对于学习主体来说，这些内容首先是政治性的，其次抽象又空洞，在他们的年龄阶段进行政治理想教育与学生认知水平和年龄特征不相符，因而教育变为空泛的口号宣传和空洞的理论知识讲授，学生在政治理论教育中学会的是各种各样的政治标语，但是如何联系世界形成自己的世界观、结合现实建立自己的人生理想甚至是如何成为一个有道德的人对他们来说都是难以理解的。

2. 国民公德的新"五爱"教育开始兴起

1979年，《全国中小学思想政治教育工作座谈会纪要》中提出政治课应该改变语录学习、空讲大道理为内容的教学，集中以"五爱"教育为主要内容，对学生进行共产主义道德教育。1982年，教育部颁发第一个教学大纲——《全日制五年制小学思想品德课教学大纲（试行草案）》，规定思想品德课以"五爱"为基本内容，结合《小学生守则》，向学生进行社会主义国家公民应有的道德品质和行为规范的教育。

与建国初期五爱教育相比，新的五爱教育具体内容发生了改变："爱护公共财物"变成"爱社会主义"。"爱护公共财物"在建国初期和改革伊始作为五爱教育的重点内容之一主要是从国家和集体的利益层面考虑后的结果。学生要有主人翁意识，主动爱护国家、集体财产，敢于与一切破坏国家公共财物的行为作斗争，在行为履行中形成爱护公务的良好品德。体现的是个体（个人）在与集体的关系中，个人利益服从集体利益，先公后私或者公而忘私，必要时候能够毫不犹豫地牺牲自己的一切。在社会主义社会中，学生是社会的主人，这就决定了主人翁的劳动态度和工作态度的本质特征。意识到这一重要性，学生就会以极大的热情学习科学，遵守劳动纪律和社会秩序，所以必须要有"爱护公共财物"这一规范要求。而在新的形势下，必须要进行爱社会主义的教育。"爱社会主义"，首先要弄清楚什么是社会主义与怎样建设社会主义，这是在改革初期建设社会主义现代化过程中反复思考的问题。要帮助学生正确认识以往社会主义实践的经验教训，坚定不移走中国特色社会主义道路，坚定社会主义理想，用特色社会主义理论教育学生，帮助他们树立新时期的责任意识，担负时代使命。但必须明确的是，"爱社会主义"代替"爱护公共财物"并不意味着学生不需要遵守纪律，维护集体荣誉利益，相反，在许多文件当中都有对学生的这一道德教育内容的规定，而且在"爱社会主义"的教育之下，学生对"爱护公共财物"能有更加深入的认识，甚至联系自己的实际，将"爱社会主义"与"爱护公共财物"有机融合在建设中国特色社会主义现代化的伟大实践当中。

五爱教育中，"爱祖国"是主旋律，"爱社会主义"是落脚点，"爱人民、爱科学、爱劳动"本质上都是"爱祖国"和建设社会主义现代化的具体表现。五爱教育在改革开放与中国特色社会主义现代化建设的过程中成为德育工作的重心，帮助学生从小就开始培养共产主义思想品德，树立为实现祖国四个现代化而献身的伟大志向。

（二）构建以爱国教育与理想教育为核心的规范体系（1986—1999）

1.形成规范化德育内容体系

延续和改进改革开放恢复发展阶段的德育内容经验，深化和强调完整德育内容的呈现。从纵向上来说有不同学龄段教育之分；从横向上来讲又有不同类别的教育方面。德育内容从小学生身心发展和成长规律出发，不仅划分小学、初中和高中阶段的德育内容重点分别是"文明和'五爱'国民公德教育，集体主义教育，以及社会主义民主、法制教育和人生观教育，也将各阶段教育的内容序列化，同时注重各个阶段内容的衔接"。例如1986年5月国家教育委员会正式颁布的《全日制小学思想品德课教学大纲》中对小学低、中、高三个学段的德育内容和德育重点都做了具体划分，其中各个学段间的内容难度是根据学生的学习水平相应提升的，且注意到了内容之间的过渡衔接。

根据《全日制小学思想品德课教学大纲》，人民教育出版社和北京市教育局联合编写了全日制六年制小学思想品德课教材和全日制五年制小学品德课教材。小学低年级教材内容主要是学习习惯、生活习惯、道德品质的养成教育，以及浅显的政治常识教育、劳动教育、集体主义教育这些方面。教材内容紧密结合教学大纲中对低年级学生的德育要求，联系学生学校生活或是社会生活中的具体场景和情境，以具体事例对学生进行道德教育，因而接近学生的生活，学生也便于理解。小学中年级教材内容主要为爱党爱国教育、社会公德教育、集体主义教育、劳动教育、遵纪守法教育、道德品质教育、学习习惯培养教育、科学教育这些方面。与低年级不同的是，中年级增加了社公德教育、科学教育和遵纪守法教育。随着身心发展水平的提高，中年级的学生社会性发展的需求越来越突出，如何与邻里朋友相处，如何正确对待别人；对于人与自然的关系以及与社会秩序之间的关系等问题的探究在他们这个年龄阶段慢慢成为生活常态。小学高年级的教材内容主要包括爱国主义教育、社会公德教育、集体主义教育、道德品质教育、遵纪守法教育、价值观教育、世界观教育。小学高年级的学生经过低年级和中年级的学习，已经在行为习惯和品德方面具有了基本的道德要求，对自己与他人和社会的关系也有了初步的认知，但是由于能力水平有限，他们还不具备明辨是非的能力以及尚未形成正确的价值观，所以需要以"《盲人摸象》的故事启示""做事要负责任""真正的好朋友"等故事内容增强他们的价值判断能力，以"做有理想的一代新人""小学生要知法守法"等内容培养他们道德实践的自觉性，做新时期的"四有新人"。

教材内容首先根据低、中、高年级段进行划分，不同阶段有相应的侧重点，很多内容选取学生同龄人的故事，符合学生身心成长的规律，也比较贴近学生实际。在看到内容体系构建逐步完善的同时，德育内容的政治性、理想化特征依旧还是能够看见痕迹。政治常识教育、爱国主义教育内容中，政治性话语依旧突出，内容理想化。如第十二册课文《时刻准备着》中仍然要求学生"从小树立共产主义的远大理想，誓为共产主义奋斗终身！""要做无愧于伟大祖国、无愧于伟大时代、无愧于伟大事业的革命接班人"，这些内容超出小学生的理解能力，只是一种灌输，一种说教。再如"劳动不分贵贱"的标题、名人伟人们的英雄事迹等，无一不是前一版教科书特征的延续。虽然重视学生的生活，但是对学生的规训意味远远超过学生主体性的发挥，集体本位主义使得道德的生成性被忽视，因此迫切需要德育教材改变空、大的内容，走向学生实际。

1992年颁布《九年义务教育全日制小学思想品德课教学大纲（试行草案）》。大纲从热爱祖国、热爱党、热爱人民、热爱集体、文明礼貌和遵纪守法、努力学习和热爱科学、热爱劳动和艰苦奋斗、保持良好品格、辩证唯物主义观九个方面提出了"九点教育内容"的德育理念。可以看出，"热爱祖国、热爱党、热爱人民和热爱集体"的要求侧重政治要求，而"保持良好品格""辩证唯物主义观"的要求强调思想性，"文明礼貌和遵纪守法、努力学习和热爱科学、热爱劳动和艰苦奋斗"这三点则是学生能够通过老师的讲解理解的。在1992年的大纲中，可以发现德育内容依旧是在强调对学生进行共产主义道德教育，强调为现代化建设服务，强调德育的社会价值。但是也能看到内容上在淡化思想政治教育，越来越多的体现学生人际交往的内容。比如在1992版的小学德育教材第二册中教材没有涉及政治教育的内容，减少了1986版德育内容"光辉的节日"和"我国的传统节日"的教学要求，取而代之的是有关人际交往方面的内容，"学习礼貌用语"和"对人要有礼貌"，这既考虑学生的生活实际和切实需要，又联系了学生的学习能力和认知水平。

2.爱国主义教育成为德育主题

五爱教育依然是德育工作的重点内容。1988年12月25日，中共中央发出《关于改革和加强中小学德育工作的通知》中规定小学德育以五爱教育为基本内容，注意抓好爱国主义教育、集体主义教育、社会主义民主和遵纪守法的教育、劳动教育、道德教育和良好心理品质的培养五个方面的教育。1992年《九年义务教育全日制小学思想品德课教学大纲（试行草案）》中继续强调培养学生"五爱"情感，为后续成才奠定思想基础。

面对改革的深入，小学生的爱国主义教育越来越被重视。1990 年国家规定严格中小学升降国旗制度。1990 年 4 月 13 日，国家教委《关于进一步加强中小学德育工作的几点意见》中强调教育小学生继承与弘扬优秀文化传统和革命传统，认识我国国情，培养民族自立精神，树立民族自信心、自尊心，把爱国主义放在十分突出的重要地位。1990 年 5 月 3 日，江泽民在首都青年纪念"五四"报告会上强调："要广泛深入地进行爱国主义教育。这种教育要从少年儿童抓起……要对小学生、中学生一直到大学生，由浅入深、坚持不懈地进行中国近代史、现代史及国情教育"。1994 年 8 月 31 日中共中央《关于进一步加强和改进学校德育工作的若干意见》中在原来的基础上，更加注重爱国主义、集体主义和社会主义思想教育的结合。1994 年 8 月 23 日印发的《爱国主义教育实施纲要》中强调："爱国主义教育是全民教育，重点是广大青少年……在当前和今后一个时期，要抓好党的基本路线教育，中国近代史、现代史和基本国情的教育，中华民族传统美德和优秀传统文化教育。"

随后，国家教委 1995 年下发《关于以抗日战争和世界反法西斯战争胜利 50 周年为题深入进行爱国主义教育的通知》；1996 年发出《关于要求各级各类学校在重要场合奏唱国歌的通知》；1997 年颁布的《九年义务教育小学思想品德课和初中思想政治课课程标准（试行）》中要求教学内容上小学有热爱祖国教育、初中有我国基本国情教育等。通过这一系列文件深化爱国主义教育的政策依据，爱国主义教育成为全民族素质提高和社会主义精神文明建设的基础性工程。

3. 共同理想教育的确立

1986 年 9 月 28 日，中共十二届六中全会通过《中共中央关于社会主义精神文明建设指导方针的决议》，指出了社会主义初级阶段的共同理想，对小学德育内容也提出了新的要求，即在现阶段实行共同理想教育。这与解放初期的共产主义理想教育不同，共产主义作为最高理想是我们为之奋斗的方向，但是这一远大理想如何在革命实践中化为具体的行动，特别是所有国家都没有面临过改革开放的复杂环境下。文件中根据社会主义初级阶段的实际提出了我国当前的共同理想，为学校德育开展社会理想教育指明了方向。"中小学德育要从我国社会主义初级阶段的实际出发，从小学教育工作的实际出发，从青少年儿童的实际出发。要用共同理想教育全体学生，在共同理想的旗帜下振奋中华民族的民族精神。"通过共同理想教育，提高学生社会主义觉悟，激发他们投身社会主义现代化建设的热情，调动学生的学习积极性，树立正确的三观，成为坚定的社会主义事业接班人。

整体来说，改革开放时期的政策文本中的内容基本是由浅显的政治常识、社会公德、社会发展常识、行为习惯教育等部分组成，几乎涵盖了社会生活的各方面。社会主义教育、爱国主义教育、集体主义教育仍然是新中国成立以后一直不变的内容。进入新的世纪，社会背景更加复杂多样，加上成人世界的道德失范现象、网络文化的影响等因素，学校德育工作面临重重挑战。在德育内容的选择上，不仅要重视道德教育的社会功能，学生个体发展的本体功能必须尽快提上日程。

四、现代德育内容体系的全面构建（2000 年至今）

新一轮的基础教育改革在新世纪一开始实施便如火如荼，要求"把思想政治教育、品德教育、纪律教育、法制教育作为小学德育工作长期坚持的重点"，继续"加强爱国主义、集体主义和社会主义教育"，根据新形势的要求，在"五爱教育"的过程中强调联系学生实际进行热爱家乡、热爱集体以及社会、生活常识教育。初中加强国情教育、法制教育、纪律教育和品格修养。小学生要"从增强爱国情感做起，弘扬和培育以爱国主义为核心的伟大民族精神；从确立远大志向做起，树立和培育正确的理想信念；从规范行为习惯做起，培养良好道德品质和文明行为；从提高基本素质做起，促进未成年人的全面发展"，以此加强道德建设。可以发现，20 世纪末形成的德育内容体系在新世纪依然是小学德育的主要内容。不同的是在新的形势下增添了许多时代性内容，而且新时期更加强调将学生视为生命的个体，在跟随其成长不断扩大的生活世界中实现对学生的培育，强调一切为了学生的发展。

（一）重视公民法制教育

2002 年 2 月，中宣部、全国妇联、共青团中央、教育部、国家环保总局、国家广电总局共同举行"中国'小公民'道德建设计划"启动仪式，公民教育纳入小学德育工作的范畴。2002 年 10 月，教育部、司法部、中央综治办、共青团中央联合发布了《关于加强青少年学生法制教育工作的若干意见》，明确规定了小学法制教育的主要内容等方面，表明新时期公民教育向着更加法制化的方向发展。

小学校要把法制教育作为学校德育的重要工作，加强小学生文明习惯教育，预防和减少未成年人犯罪。法制教育内容不仅包括对现实行为的教育，也包括网络法制教育。"中小学校要贯彻落实《中小学法制教育指导纲要》，重点培养学生依法使用网络的意识和行为，教育学生拒绝使用侮辱性、猥琐性、攻击性语言，自觉抵制网络不法行为，慎交网友，懂得在网络环境下维护自身安全和合法权益，增强网络法制教育的针对性。""法制教育重在培养学生能对自己身边发生的事情进行自主思考，公正地作出判断，并付诸实践，具有行动力，而非单纯从道德层面上对事情作出是非判断。""深入开展法制宣传教育，形成全体人民自觉学法、守法、用法的氛围。"新时期的法制教育并不是冰冷条文的学习，而是在学生生活教育、道德教育过程中渗透法治思维和意识的培养，希望学生能够在守法、崇善中体验道德与法治生活的美好。正如赵汀阳所说："规范作为一种约束，它必定迫使我们的自由本性作出某些让步，出让某些权力和利益，如果不是因为规范带来的好处大于规范所造成的损失，人们绝不可能需要规范。"作为法治社会的公民，必定要自觉遵守社会秩序，生活中处处讲道德，生活中处处守规则。

更重要的是，2016 年 4 月，教育部发布通知从 2016 年起，将义务教育小学和初中起始年级的"品德与生活""思想品德"教材名称统一改为"道德与法治"。"道德与法治"课程突出了法制教育的重要性，但不表明法治可以与道德平分天下，而是意味着德育课程越来越综合化，体现了德育课程综合型的性质。另外，"道德与法治"课程也是对德育教学的正确定位。长期以来，德育课程被作为直接德育方式将道德变成内容直接讲授给学生，但实践证明，道德不是直接就可以让学生学会的，道德更不能作为直接内容传授。学生的道德教育是和他们的成长过程息息相关的，所以各种各样的关系的对待处理才是德育课程的主要内容。而法制教育作为德育工作中新的内容，可以对学生生活给予指导，促进儿童道德品质的发展。

（二）关注学生身心健康教育

随着社会主义市场经济的进一步深入发展，小学生在其中呈现出来的心理问题越来越严重。面对高素质人才培养的迫切要求，使得德育不得不重视学生的心理健康问题。在20世纪末心理健康教育已经提上日程。学校要"加强学生的心理健康教育，培养学生坚韧不拔的意志、艰苦奋斗的精神，增强青少年适应社会生活的能力"。1999年8月，教育部在《关于加强中小学心理健康教育的若干意见》中，更加明确地表示中小学校要加强对学生的心理健康问题的重视，进一步推动心理健康教育在学校的开展和运用。新世纪，更要积极推进小学生心理健康教育，切实关心、促进学生的健康发展。通过开展青春期卫生常识教育和建立心理健康教育体系，对学生进行人文关怀和心理疏导，培育他们自尊自信、理性平和、积极向上的社会心态。在《中小学心理健康教育指导纲要》中明确指出新时期心理健康教育的主要内容包括：普及心理健康知识，树立心理健康意识，了解心理调节方法，认识心理异常现象，掌握心理保健常识和技能。其重点是认识自我、学会学习、人际交往、情绪调适、升学择业以及生活和社会适应等方面的内容。通过制度建设、课程建设、场所建设，推进心理健康知识教育，加强学校心理健康专业教师队伍建设。心理健康教育要求学生正确认识自我，认识每一个生命的独特性，尊重生命，提升生命的价值，学会学习和生活，提高自我教育、自我独立的能力，教育学生要正确面对挫折，学会合理调节心理，促进健全个性人格和良好品质的形成。

同时，关注学生身体健康。2011年新修改颁布的《课程标准》中强调要加强学生的生命教育，通过开展积极的实践活动，让学生认识到生命教育的重要性，爱惜生命、尊重生命，与大自然和谐相处，做一个积极健康、富有责任感的合格公民，这也是道德与法治课程的核心。在教学内容的各部分里，"成长中的我"部分增加有关生命教育的内容，引导学生体会青春期的美好之处；"我与他人和集体"部分要求学生学会与父母有效沟通，要求学生增强与家人共创共享家庭美德的意识和能力，引导学生感受学校生活的幸福；而在"我与国家和社会"部分积极关注青少年成长的新环境，密切联系学生生活实际，联系社会变迁、科技发展和青少年成长需求，选择富有生活意义的教学内容，在社会生活中组织各种活动，适应小学生身心发展规律和年龄特征，改变学校教育中生命价值失落、生命话题缺失的状况，建立以学生人格和谐发展为本的德育课程价值观，真正体现为学生道德与精神成长服务。

新冠疫情爆发期间，因学习环境、生活场景、学习方式等方面的改变，心理素质还未成熟和人格还未健全的青少年，受疫情的影响比其他群体更为严重。疫情结束后更需要我们关注优化德育，端正学生价值观念，丰富德育途径和形式。通过德智相融、以劳育德，引导学生从网课、网游等虚拟世界回归现实世界，把知识学习和三观教育整合，让学生坚定理想信念，反思自我价值，探寻人生目标，提高学习兴趣，提升学习动力，从源头上解决精神空虚问题，杜绝"空心病"。

（三）社会主义核心价值观教育是时代新内容

在和谐社会的发展中，在社会良序生活的需要与青少年学生的成长之间需要找到一种既科学又艺术的联结与契合，社会主义核心价值观教育就是最佳答案。"培育和践行社会主义核心价值观要从小抓起、从学校抓起。坚持育人为本、德育为先，围绕立德树人的根本任务，把社会主义核心价值观纳入国民教育总体规划。""提倡和弘扬社会主义核心价值观，必须从中汲取丰富营养，否则就不会有生命力和影响力。"社会主义核心价值观是新时期中华民族共同价值观感召力与凝聚力的集中反映，需要学生树立共同的社会理想，"不断增强道路自信、理论自信、制度自信，增强对坚持党的领导的信念，永远紧跟党高高举起中国特色社会主义伟大旗帜"。社会主义核心价值观教育还要以"中国梦"的实现作为任务内容。要在小学生中间开展内容丰富、形式多样的以"中国梦"为中心的主题实践活动，让学生在活动中敢于追梦，在理论学习和亲身实践中感受社会主义核心价值观给予他们的力量，为实现中华民族伟大复兴中国梦而努力奋斗。同时，新时期强调发展学生的核心素养，在核心素养培养的过程中，社会主义核心价值观又是重中之重。《中小学德育工作指南》强调社会主义核心价值观教育要贯彻教育全程，学生价值观教育要内化于心、外化于行。指导学生自觉把个人追求与国家、民族的前途和命运紧密结合起来，引领学生成长成才。

社会主义核心价值观教育强调加强学生中华民族优秀传统文化的学习。教育小学生以爱国主义教育为核心，"以家国情怀教育、社会关爱教育和人格修养教育为重点，着力完善青少年学生的道德品质，培育理想人格，提升政治素养"。坚持传承中华民族优秀文化传统，在时代发展中植根于民族文化土壤，与时俱进，积极创新，系统落实社会主义核心价值观的基本要求，突出强调社会责任和国家认同，彰显中国特色。将优秀传统文化精髓融入其中，学生在学习中可以感受到中华传统文化的博大精深、源远流长。同时传统文化教育更要批判创新，要"深入挖掘中华优秀传统文化蕴含的思想观念、人文精神、道德规范，结合时代要求继承创新，让中华文化展现出永久魅力和时代风采"，要"引导青少年学生更加全面准确地认识中华民族的历史传统、文化积淀、基本国情，认清中国特色社会主义道路、实现中华民族伟大复兴中国梦的理想信念""讲清楚中华优秀传统文化的历史渊源、发展脉络、基本走向，讲清楚中华文化的独特创造、价值理念、鲜明特色，增强文化自信和价值观自信"；坚持马克思主义的立场、观点、方法，对其他民族和国家的优秀道德成果进行批判性吸收，在立足中华民族的"根"与"魂"中实现民族精神与时代精神的统一；在教育中"以文育人""以文化人"，培养担当中华民族复兴大任的时代新人。

社会主义核心价值观教育要求学生树立正确的价值观，进行理想信念教育。"要开展马列主义、毛泽东思想学习教育，加强中国特色社会主义理论体系学习教育，引导学生深入学习习近平总书记系列重要讲话精神，领会党中央治国理政新理念新思想新战略。加强中国历史特别是近现代史、革命文化教育、中国特色社会主义宣传教育、中国梦主题宣传教育、时事政策教育……培养学生对党的政治认同、情感认同、价值认同，不断树立为共产主义远大理想和中国特色社会主义共同理想而奋斗的信念和信心"，引导学生自觉把个人的理想追求融入国家和民族的事业之中。在2018年全国教育大会上习近平强调，"要在坚定理想信念上下功夫，教育引导学生树立共产主义远大理想和中国特色社会主义共同理想，增强学生的中国特色社会主义道路自信、理论自信、制度自信、文化自信，立志肩负起民族复兴的时代重任。"让爱国主义精神在学生心中牢牢扎根。

（四）生态文明教育成为新时期主题

新世纪，为了应对我国越来越严峻的环境问题和生存危机，实现可持续发展的要求，十七大报告第一次提出生态文明的命题并将其作为全面建成小康社会的奋斗目标。加强生态经济教育，将树立资源节约和环境保护意识的相关内容编入教材，在中小学开展国情教育、节约资源和保护环境的教育。要组织开展相关管理和技术人员的知识培训，增强意识、掌握相关知识和技能，树立绿色低碳生态观念。党的十八大报告中首次提出"五位一体"的新布局，明确提出大力推进生态文明建设，"引导学生了解祖国的大好河山和地理地貌，认识大自然，学会与大自然和谐相处""以节约资源和保护环境为主要内容，引导学生养成勤俭节约、低碳环保的行为习惯，形成健康文明的生活方式""加强海洋知识和海洋生态保护宣传教育，引导学生树立现代海洋观念""加强生态文明宣传教育""树立尊重自然、顺应自然、保护自然的生态文明理念"，形成和培养合理消费和爱护生态的良好习惯与风气。引导学生了解祖国的大好河山和地理地貌，认识大自然，学会与大自然和谐相处；树立尊重自然、顺应自然、保护自然的生态文明理念，按照自然规律办事，增强保护环境的自觉性；形成健康环保的生活习惯，坚持生态可持续发展观，构建人与自然和谐共处的现代文明生态观。这些教育内容实际都是对人的主体性的强调，是在人与自然的和解中，实现人的全面发展。

五、小学德育内容的内涵变化

德育内容是德育目标的具体表现。根据德育目标的变化，建国七十年来的德育内容历史进程中呈现出由政治化德育、规范化德育到回归生活的德育变化。同时，德育也表现出从"无人"德育到生命道德的转变，向德育的本真不断前行。

建国初期的德育内容根据德育目标要求以共产主义道德教育为主，培养学生共产主义道德修养。在改造旧教育中，将早期优秀的德育传统进行了保留和推动，最鲜明的特征就是突出政治教育，将阶级教育放在学校德育工作中的重要位置，强化学生的阶级斗争意识。在当时，学生的爱国主义情怀和阶级意识极为热情与高涨，所以进行共产主义道德教育以及适当强调阶级教育有利于新成立国家的稳定和满足社会主义建设的实际需要。此外，建国初期已经建立了学校德育内容体系，学校德育初具规模，为后来德育内容的发展奠定了基础。

改革开放的到来，使得德育内容重新恢复发展。经过一系列文件的颁发实行，在小学构建了比较完整的德育内容体系。在注重横向内容与纵向内容的联合同时也关注到国家意志与学生需要的有机统一。从开始时通过革命故事与"五爱"教育继续对学生进行爱国主义教育，到后面对爱国主义教育内容进行创新，减少了思想政治教育，并将传统文化教育和国情教育融入其中，培养学生的爱国情怀和领土意识，维护国家的主权与安全，爱国主义教育成为教育的重点内容。另外，在市场经济深入发展和西方外来文化不断侵入的情况下，学生的思想变得极为活跃，自主性大大增强。因此，在社会主义现代化建设时期，对学生进行理想信念教育尤为重要，此时共同理想教育的提出为小学生正确人生观的树立提供了保障。同时也说明这一时期的德育在走向规范化的同时，学生的主体意识已经觉醒。

小学德育内容尽管在不同时期有所倾向，但是主旋律依然没有改变。始终提倡用社会主义、爱国主义和集体主义来教育广大学生；始终坚持社会主义、爱国主义和集体主义作为德育的"主旋律"。21 世纪是德育内容发展更为丰富繁荣的时期，在继承前期爱国主义、集体主义、社会主义"三个主旋律"教育的基础上，德育内容更是落实到学生学习和生活的方方面面，时代性全面彰显。首先，通过社会主义核心价值观教育引导学生正确认识和学习中华民族优秀传统文化的教育，增强了学生的民族认同感和文化自信。学生在以中国梦系列学习主题的教育活动中加深了爱国主义情感，激发了学生爱学习、爱劳动等行为品质，树立了个人理想以及为祖国贡献青春力量的斗志。其次，加强公民意识教育，在法治教育的同时以道德与法治课程作为实现方式，有效促进学生社会主义民主法治、自由平等理念的树立，教育学生养成遵纪守法的好习惯。再者，宣传和践行生态文明教育。以环境的保护和资源的节约为主要内容，帮助培养学生环保意识与节约习惯，使他们能够拥有一种文明的生活方式。同时，继续加强心理健康教育，促进学生身心和谐发展。德育从原来的高高在上变成学生生活中无处不在的事物。可以说，生活的过程就是道德学习的过程，通过有意义的生活来学习德育成为实现德育教育的有效途径。在《中小学德育工作指南》中，德育内容被落实到学生学习和生活的方方面面，德育在回归生活、回归本体的同时，其自身也在不断丰富自己的内涵外延，为使学生更加有意义的生活、做更有意义的人而努力！

第三节　小学德育方法

我国小学进行德育的主要途径是在学校进行教书育人、管理育人、服务育人。学校德育途径主要有开设德育课程；日常教育、社会实践；校园文化建设；党、团和学生会工作等。

一、中国小学德育方法的主要途径

（一）开设德育课程

小学德育课程主要有道法与法治课、班会课、劳动课等，直接对学生进行价值观念、行为规范等有关思想道德品质方面的教育。

其中，义务教育阶段道德与法治课是向学生比较系统地进行思想品德教育，落实立德树人任务的一门关键课程。教师遵循教学大纲，按照学生不同的年龄特点，联系学生实际，对学生进行道德情感、道德认知和道德判断能力、道德行为的培养，小学阶段主要以学生的生活为基础，主要讲授学生与自我、家庭、班级、社会、国家、世界、自然等的关系，结合"看到什么""听到什么"，了解中国特色社会主义的由来与发展，懂得当代中国怎样从站起来、富起来到强起来的奋斗历程，初步了解新时代"两步走"战略安排，帮助小学生从情感上认同伟大祖国、中华民族、中华文化、中国共产党、中国特色社会主义。

（二）注重校园文化建设

校园文化指学校的校风、学风、教风等。文明守纪、诚实自信、勤奋好学的校风；整洁优美的校园环境；爱岗敬业、严谨治学、热爱学生、廉洁从教的教师；善于思考、勤于动手、注重实践的学风等各种因素的影响，对学生形成良好的道德情操和良好的行为习惯都起着潜移默化的作用。良好的、优美的、有利于学生身心健康发展的学校环境，本身就是一种教育示范的手段。很多学校不但注重校园的美化、净化、知识化，还注重校园的教育性，在校园里有中外名人的雕塑，在教室里悬挂着名人的格言、警句，形成了激励学生积极向上，报效祖国的良好氛围。

（三）社会实践活动

社会实践是实施德育的重要途径。社会实践的目的是使学生增加直接体验，给学生提供接触社会的机会，帮助学生学会从现实生活中去认识社会，使学生树立正确的价值观和世界观，增强道德认知能力。我国中小学社会实践包括有野外活动、军训、社区服务、班级值周等活动。其中军训已纳入教学计划，初中和高中入学要进行一周的军训锻炼。此外，学校还利用节假日组织学生参加一些参观、社会调查、帮助孤寡老人等活动。在班级值周活动中，让学生参与学校班级管理的整个过程，使学生经受劳动锻炼，增强执行行为规范的自觉性和珍惜爱护自己劳动成果的意识。

（四）健全的德育管理机制

学校有德育管理部门和专业的德育教师、德育管理工作者队伍，通过教书育人、管理育人、服务育人等各种渠道来实施学校的德育管理工作，形成了党、政、工、团、学齐抓共管的管理机制。

二、小学德育的主要方法

在进行小学道德教育过程中，学校十分注意方法的选择与应用，德育方法主要有说服教育法、榜样示范法、实践锻炼法、情感陶冶法、自我教育法、对比教育法、心理咨询法、等等。

（一）说服教育法

此方法主要是借助语言和事实，通过摆事实、讲道理，影响受教育者的思想意识，提高其思想道德认识的方法。说服教育法是德育的基本方法之一，要求学生遵守道德规范，养成道德行为，提高认识，启发自觉。这就需要运用说服方法来讲清道理，使学生明白应当怎样做？为什么这样做？学生的认识提高了，他们才能自觉去履行道德规范。说服教育法的方式主要有讲解（报告）、谈话、讨论辩论、阅读书籍报刊等。

1.讲解（报告）

这种方法多用于政治课、思想品德课、各科教学、时事政策报告及有关政治、道德问题的专题讲座。特点是教师讲、学生听，教师是主动者，学生是受动者。优点是可以充分发挥教师的主导作用。

2.谈话

谈话是教师就某一问题与学生交换意见，使学生明白某一道理的方式。激发学生思考，调动学生的积极性、主动性。

3.讨论辩论

讨论辩论是在教师指导下，学生就某一问题各抒己见，经过讨论和争辩，得出结论，以提高学生思想认识的方式。经过争论，使学生明辨是非，培养学生坚持真理、修正错误的科学态度，提高解决问题的能力。这种方法常常在高年级学生中使用。

4.阅读书籍报刊

阅读书籍报刊是在教师指导下，学生阅读有关书籍、报纸、杂志和文件，提高学生道德认知水平和能力的方法。教师根据德育计划，帮助学生有计划、有目的地选读有关书报文章、英雄传记、革命回忆录、文学艺术作品等，制订阅读计划，指导学生阅读方法，使学生学会做摘记、提纲、概要和读书笔记。

以上是说服教育法的几种方式，可在教育实践中，要让学生真正理解道理和乐于接受道理并不容易，有时学生对讲的正面道理不理睬，对提出的合理要求不执行。可见怎样给学生讲清道理，使教育者的要求变成学生的自觉需要，是一个值得认真研究的问题。

（二）榜样示范法

这个方式的特点在于通过榜样人物的言行，把深刻的政治思想原理、抽象的道德规范具体化和人格化，其教育富有形象性、感染性、可行性。主要功能在于提高受教育者思想认识、陶冶思想情操、磨炼品德意志、训练品德行为。榜样的力量是无穷的，榜样也是多方面的，以真人真事为基础，说服力强。比如我国历史上的一些伟人和民族英雄、优秀家长、模范教师、同学朋友、文艺作品中的优秀典型等等。近年来的调查表明，学生崇敬的榜样已出现从单一到多样、从集中到分散的发展趋势。

（三）实践锻炼法

即通过各种实践活动训练和培养受教育者道德规范的方法。其特点是：实践、实行、行动、做。培养学生的优良行为，使其养成良好的道德习惯，增强道德意志，培养品德践行能力。我国小学实践锻炼主要方式有委托任务、组织活动、执行制度等方式。

1. 委托任务

教师或学生集体委托学生个人完成一定的工作任务，这是一种实践锻炼。比如在完成出黑板报、帮助同学、担任班干部、筹备晚会节目等任务时，学生不仅提高了工作能力，也培养了他们的责任感和集体主义意识。

2. 组织活动

组织学生参加各种道德实践活动是很重要的道德锻炼。如学校组织学生参加社会活动，以培养他们关心集体和为集体工作的精神；组织学生参加力所能及的劳动，培养他们勤劳俭朴、珍惜劳动成果的品质；组织学生参加科技活动，培养他们学科学、爱科学、用科学的优秀品质。

3. 执行制度

学校的各项规章制度是学生进行学习和活动的保证。包括学校的作息制度、课堂和自习制度、劳动制度和校内的各项规则等。学生按照制度进行锻炼，进行经常性的行为训练，促使学生形成良好的行为习惯。

（四）情感陶冶法

即创设良好的教育情境，使受教育者在道德和思想情操方面受到感染、熏陶的方法。情感陶冶法具有潜移默化的特点。不像说服教育法那样，学生理解了道理便能及时产生效果。情感陶冶法需要较长时间的定向陶冶，才会使学生形成较明显的个性品德。情感陶冶法在我国被广泛地使用，通过环境陶冶（如美好的校园、优良的校风班风）、活动陶冶（如利用传统节日、革命纪念日开展活动，或深入工厂、农村、军营参加劳动等）、媒体陶冶（如观看革命传统电影、录像、阅读优秀报刊等），激发年轻学生健康、向上的思想感情。

（五）自我教育法

指在教师指导下，学生本人来进行自我判断，坚持或放弃或调整某些信念、想法或行为，使之作出更加合理的选择。自我教育是将自己作为教育的对象，修正、丰富和发展自我的精神世界，提高自我的道德水平和精神生活质量。自我教育具有自主性、自由性和差异性的特点。随着人的成熟程度的提高，自我教育的自觉程度及精神世界自律的水平也在提高。

（六）对比教育法

这一方法主要是通过对各种不同事物的比较来鉴别是非、区分优劣、检验认识与行为的正确与错误，先进与落后。比如在进行爱国主义教育时，将社会主义新中国与旧中国做比较；在进行集体主义教育时，将集体主义的道德效果与个人主义的道德效果进行比较；在进行尊重他人的品德教育时，列举了不珍惜他人劳动成果的种种表现。通过对比教育法，帮助学生分清是非，提高鉴别、判断能力。

（七）心理咨询法

心理咨询是近年来具有发展势头的新方法。即针对学生在成长过程中，对家庭、学校、社会及自身的一些心理问题所产生的疑惑、不满和反抗心理，运用心理学的理论知识帮助学生解决心理困扰，给予可行性建议，使学生对上述问题有一个健全的观念，从而促进学生身心的健康发展。在咨询者与询问者的协商、交谈和指导过程，帮助询问者进行探讨和研究。

第五章　小学德育内容的选择和设计

第一节　小学德育内容的分类

德育的内容实际上就是道德教育、思想教育和政治教育的内容。德育的内容应当包括三个主要层次：一是基本道德行为规范的教育；二是公民道德与政治品质的教育；三是较高层次的世界观、人生观和理想教育等。依据这一层次划分，我国小学德育内容的重点具体说来应当包括或强调以下几个方面。

一、基本道德和行为规范的教育

基本道德是个体生活的基础性道德要求。基本道德往往是历史上传承下来的，为人类社会广泛接受的道德规范。美国教育学者阿迪斯·瓦特曼说，不管时代如何变化，我们总将有着和我们祖先同样的需要。那就是，愉快、勇敢地度过我们的一生，和周围的人友好相处，保持那些指导我们更好成长的品质。这些品质是欢乐、爱、诚实、勇敢、信心，等等。

德育的基础是要教学生学会做人，所以诸如公平、正直、诚实、勇敢、仁爱、热爱劳动、艰苦朴素等应当成为小学德育的奠基性内容。在基本道德教育方面，我们曾经有过极"左"的思维，用道德的时代性、阶级性、民族性等等否定道德的历史继承性和全人类的共性。其结果是基本道德情感的消失和起码的道德规范的丧失。

对学生进行文明行为教育，培养学生文明行为习惯，也是学校德育经常性的重要的内容之一。学生无论在学校、家庭和公共场所，都应当遵守文明行为规则。文明行为的内容广泛，涉及人们生活的各个方面，看起来似乎是日常小事，却是一个有教养的人的文化修养和精神内涵的标志或表现。当然，文明行为不只是一个人的行为的外部表现，重要的是这些外部行为应反映出一个人的内部心灵或性格的特征。否则，一些人学会了"彬彬有礼"、衣着讲究，给人一种很有"教养"的印象，但实际上他仍可能是虚伪、狭隘、自私和粗鲁的人。所以文明行为教育应当同个体的精神培育结合起来。

小学生的"学生守则"以及"小学生日常行为规范"是小学生必须遵守的行为准则。它是对学生进行文明行为及其他道德品质教育的基本要求，学校要教育学生坚持不懈地、严格地、切实地遵照执行。对小学生进行基本道德和行为规范的教育是小学德育内容的重中之重。

二、公民道德与政治品质的教育

公民道德与政治品质教育的主要内容包括集体主义、爱国主义、民主法治意识和其他政治常识的教育等项内容。集体主义教育是社会主义道德品质教育的最重要的内容之一。集体主义教育必须要养成学生善于在集体中生活的习惯，使学生能够关心集体，关心同学，愿为集体和同学服务；学生对集体要有责任感与荣誉感；发展同学间的友谊，促进同学间的团结。我国现在的小学生中，许多人是独生子女，对他们进行集体主义教育是他们健康和幸福成长的重要途径。

爱国主义是人类一种最古老的感情，是千百年巩固起来的、人们对祖国的一种最深厚的情感，是对祖国在历史上所起的进步作用的正确理解，也是力图使祖国更富强、更强大，为世界和平与人类进步作出更大贡献的一种坚定的志向。进行爱国主义教育应当注意的问题主要有：第一，爱国主义教育既有一般的对于祖国的向往、爱恋之情，也有具体的对于祖国的热爱与奉献的冲动。向学生进行爱国主义教育，主要是倡导民族奋发精神，焕发儿童和青少年的斗志，为把祖国建设成一个社会主义强国而不懈努力。其中要特别注意实现爱国主义教育对小学生学习动机的增强作用。第二，爱国主义与爱社会主义制度是一致的。只有社会主义才能救中国，只有社会主义才能发展中国，这是中国历史的必然选择。所以真正的爱国主义者必然热爱社会主义制度，拥护改革开放政策。应当努力实现爱国主义与爱社会主义教育的内在统一。第三，爱国主义应与改革开放的新形势紧密结合。由于科技、经济的发展，今天的世界已经变成了一个"地球村"，中国的发展进步是世界发展进步的一部分。当今世界的许多问题也只有从全球的大局出发才有可能解决，加强各民族之间的理解与合作是世界进步和国家发展的重要条件。所以，今天的爱国主义教育，应当将爱国主义同国际主义、国际合作和对世界和平事业的理解和支持等等紧密地结合起来。

爱国主义在政治生活中的重要表现是自觉维护民主与法治，所以法治意识的培养也是学校德育的重要内容。小学阶段应当努力对小学生进行民主与法治的启蒙教育，使学生对民主的政治与社会生活及其条件有较为感性和直接的了解，从小树立民主与法治的观念。同时还应当采取适合小学生发展实际的形式进行其他有关国家政治生活常识的教育。

三、较高层次的世界观、人生观和理想教育

世界观、人生观、理想是人的精神内核。对世界观、人生观和理想的培育是德育的最高目标，同时也是德育的基础性工作。只有确立了正确的世界观、人生观及美好理想，学生才可能有健康、自觉的、有价值的生活，才能有真正合乎道德的行为，形成真正的文明行为习惯。儿童、少年处在世界观、人生观和理想的形成、发展的关键时期。世界观、人生观和理想的基础教育应当成为德育的重要内容和根本任务。

小学德育在处理这一方面内容时要注意的问题有两个方面。第一，小学生年龄和发展的实际决定着小学德育工作者的重要使命是努力探索适应我国小学生品德发展实际的教育

方式，生动活泼地完成启蒙和奠基性质的世界观、人生观和理想教育的任务。第二，采用适当形式开展这一教育不等于完全否定这方面的教育。适当地开展世界观、人生观和理想教育是必要的，也是可能和可行的。

对于世界观、人生观和理想的品德教育，我国对其内容有统一的规定，从教育部2017年出台的《中小学德育工作指南》中就有明确的规定。

《中小学德育工作指南》规定了小学低年级的德育目标是："教育和引导学生热爱中国共产党、热爱祖国、热爱人民，爱亲敬长、爱集体、爱家乡，初步了解生活中的自然、社会常识和有关祖国的知识，保护环境，爱惜资源，养成基本的文明行为习惯，形成自信向上、诚实勇敢、有责任心等良好品质。"小学高年级的德育目标是："教育和引导学生热爱中国共产党、热爱祖国、热爱人民，了解家乡发展变化和国家历史常识，了解中华优秀传统文化和党的光荣革命传统，理解日常生活的道德规范和文明礼貌，初步形成规则意识和民主法治观念，养成良好生活和行为习惯，具备保护生态环境的意识，形成诚实守信、友爱宽容、自尊自律、乐观向上等良好品质。"落实到具体的内容为：一、理想信念教育。开展马列主义、毛泽东思想学习教育，加强中国特色社会主义理论体系学习教育，引导学生深入学习习近平总书记系列重要讲话精神，领会党中央治国理政新理念新思想新战略。加强中国历史特别是近现代史教育、革命文化教育、中国特色社会主义宣传教育、中国梦主题宣传教育、时事政策教育，引导学生深入了解中国革命史、中国共产党史、改革开放史和社会主义发展史，继承革命传统，传承红色基因，深刻领会实现中华民族伟大复兴是中华民族近代以来最伟大的梦想，培养学生对党的政治认同、情感认同、价值认同，不断树立为共产主义远大理想和中国特色社会主义共同理想而奋斗的信念和信心。二、社会主义核心价值观教育。把社会主义核心价值观融入国民教育全过程，落实到中小学教育教学和管理服务各环节，深入开展爱国主义教育、国情教育、国家安全教育、民族团结教育、法治教育、诚信教育、文明礼仪教育等，引导学生牢牢把握富强、民主、文明、和谐作为国家层面的价值目标，深刻理解自由、平等、公正、法治作为社会层面的价值取向，自觉遵守爱国、敬业、诚信、友善作为公民层面的价值准则，将社会主义核心价值观内化于心、外化于行。三、中华优秀传统文化教育。在中小学德育工作中，中华优秀传统文化教育旨在培养学生对中国传统文化的深刻了解和充分尊重。这一教育内容涵盖多个方面，其中首要的是传承中华传统价值观念。通过引导学生学习和理解儒家、道家、佛家等传统哲学思想，教育工作者旨在培养学生对传统伦理道德的认同和尊重。四、生态文明教育。生态文明教育旨在培养学生对环境保护和可持续发展的深刻意识。具体内容包括两方面：首先，教育学生关注环境问题，强调生态环境保护的重要性，引导了解生态系统的复杂性和脆弱性。通过课程和实践，学生学会提倡节约资源、减少污染的行为，包括鼓励垃圾分类、能源节约等，培养对环境的责任感。其次，生态文明教育引导学生思考未来的可持续发展问题，认识资源有限性，促使在经济、社会和环境之间实现协调发展。通过案例学习和讨论，学生被鼓励思考如何在个体行为和社会层面上实现可持续发展，包括培养采用环保生活方式，促进社会整体可持续发展。五、心理健康教育。心理健康教育在中小学德育工作中至关重要，旨在培养学生积极向上的心态和健康的心理状态。具体内容包括：1.情绪管理，教育学生理解不同情绪表达方式，提高情绪管理水平，使其在面对生活挑战时能保持冷静、理性。2.心理健康常识传授，学生接受基本心理健康知识，认识心理问题并主动寻求帮助，包括对焦虑、抑郁等问题的认知。3.人际关系和沟通技巧培养，学生通过课程和实践提高沟通解决问题的能力，增强社会适应能力，有助于建立积极的人际网络。这综合培养学生在团队中的协作和领导能力，为维护个人心理健康打下坚实基础。

第二节　小学德育内容的选择和设计原则

一、德育内容的内涵与目标

德育内容的设计与实施要基于国家对学生核心素养培育的要求，以遵循规律、创新发展、强化教育引导、养成行为习惯为出发点，让学生实现德智体美劳全面发展，培养学生成为信念坚定、人格健全、身心强健的时代新人，落实立德树人的根本任务。

例如：广东省深圳市某学校就将德育内容的育人目标概括为爱祖国、讲美德、强责任、健身心、承底蕴五个方面，具体如下所示：

（一）厚植家国情怀

坚持用思想铸魂育人，通过布置以爱党、爱国、爱社会主义、爱人民、爱集体、爱传统文化为主线的系列德育内容，增强学生的民族认同感、历史认同感，增强学生自觉弘扬优秀文化的意识，厚植学生的家国情怀。例如在南京大屠杀死难者国家公祭日前后，教师布置"铭记历史，勿忘国耻"主题德育内容，学生可以朗诵诗歌《我是南京》；搜集相关的历史资料，读一本有关中国历史的书；或参观一个红色基地、观看一部红色电影。又如学校可以创新德育形式，开展主题为"祖国，我为你骄傲"的中队活动，通过德育内容将这一主题延伸至家庭和社区，并布置小任务，鼓励学生和家长一起在家里、在社区中寻找有关爱国的元素并拍照分享。

（二）培养美德

利用丰富多彩的实践活动，让学生得到锻炼。学生通过亲身参与实践活动获得直接经验，加强与生活之间的联系，提升综合运用知识和解决实际问题的能力，培养良好的道德行为习惯与道德思维品质，促进自身全面发展。比如在五一劳动节期间，设计形式多样的德育作业，如社区服务等。鼓励学生利用五一假期完成一次特别的社区志愿服务，在此基础上，教师把学生分成若干调查小组，让其到各社区观察垃圾分类情况，并尝试为社区居委会提出一些可行的改进建议。又如在学雷锋月，可丰富新时期学雷锋活动的内涵和形式，引领学生用爱心点燃希望，用行动践行奉献精神。

（三）强化责任担当

通过引导学生参加日常生活劳动、生产劳动和服务性劳动，让学生动手实践、接受锻炼、锤炼意志，培养学生正确的劳动价值观和良好的劳动品质。在常规的周末德育内容设计中，大力提倡家务劳动日常化。在班级内设置新技能展板，让学生分享在校外学到的劳动新技能，以此激发其他学生的劳动积极性。通过同伴互动交流，形成良好的育人氛围。在学生力所能及的情况下，鼓励其参加户外劳动或者公益劳动。在服务性劳动作业设计中，可让学生利用知识技能等为他人及社区提供服务，让学生在公益劳动、志愿服务中增强社会责任感。

（四）坚持"五育"并举

德育并非是独立的，其与智育、体育、美育、劳育共同组成了一个不可分割的有机整体。学校通过设计形式多样的体育锻炼作业，让学生在体育锻炼中享受乐趣、增强体质、健全人格、锤炼意志。学生借助体育锻炼强健身心、塑造人格，提升自身综合素质。在清明节期间，设计清明主题德育作业：祭奠革命先烈，对革命先烈表达崇高的敬意；和家人或伙伴共读一首关于清明节的诗歌并以书法形式抄写下来；与家人一起制作清明节传统美食；阅读相关书籍或听长辈讲有关革命先烈的英雄事迹，学习他们的优秀品质，学生可以完成以上一项或者多项任务。作业形式多样，有利于学生身心健康发展。这种综合性的教育方式更加符合人的发展规律，能够培养出有理想、有道德、有文化、有纪律的全面发展的人才，为社会的进步作出贡献。

（五）传承文化底蕴

每一所学校都具备独特的办学特色，德育内容的策划和实施应该凸显学校的文化特点。比如深圳市宝安区某校是一所历史悠久的百年老校，校内的荔枝园更是一道独特的景观，种植着各式各样的荔枝树。在设计德育活动时，学校就可以充分借助自身的特色，挖掘丰富的育人内涵，精心安排一系列活动，以引导学生更深刻地融入校园文化之中。

学校安排一系列与荔枝相关的主题活动。例如，开展"知荔""赏荔""品荔"等活动，将学生带出校门，引导他们认识荔枝的特点、探索荔枝在文学作品中的象征意义等，以此提升学生的文化素养，激发家乡情感。同时，这些活动也有助于培养学生的劳动意识和实践能力，使他们在参与荔枝园的工作中培养责任感，并从中获得实践经验。

学校还通过组织学生参观当地的城市文化馆等，引发他们对家乡特色建筑的兴趣。鼓励他们与家长一同探索所居住社区中最具特色的建筑，进一步了解历史渊源，从而加深对家乡的归属感。

这一系列的德育活动不仅将学校的历史文化特点融入其中，还能够引导学生深入了解家乡特色、培养他们的责任感和归属感，同时也促进学生的实践能力和文化修养的提升。通过将校园特色与德育有机结合，学校可以更好地实现全面育人目标。

二、德育内容的设计原则

德育教育能陶冶心智，开阔视野，提高学生的道德修养，加强学生参与社会生活的意识。从近年来的育人实践可知，德育内容的设计需要遵循一定的原则，简单概括为自主性、多元化、实效性、时效性。

（一）体现自主切适性

教师应当以学生为主体，根据学生的年龄特点、生活经验与实际能力分段设计德育内容，充分挖掘德育资源，整合提炼学生感兴趣的内容，提升学生的品德修养。比如在"爱亲敬长"教育活动中，可根据低中高年级设计三类活动，低年级的主题是"九九重阳·有爱相伴"，让学生与家人登高望远，拍一张温馨的全家福；中年级的主题是"孝心浓浓·亲情满满"，让学生为长辈做力所能及的事，例如收拾衣物、剪指甲、做饭等；高年级的主题是"温情陪伴·孝心同行"，让学生陪家人聊聊天，与家人一同整理回忆录或老照片，给他们一个拥抱。又如10月份的德育内容的主题是"爱国教育"，根据低中高年级设计三类活动，低年级的活动主题是"国旗飘飘迎国庆"，让学生了解国旗的内涵，创作一幅画并与国旗合影；中年级的活动主题是"吟诵诗歌颂祖国"，让学生吟诵一首赞美祖国的诗歌，以录音形式记录下来，发到班级群进行分享；高年级的活动主题是"巨龙腾飞赞祖国"，让学生通过网络、实地走访等，了解祖国的发展历史。低中年级的德育内容是体验型，高年级的德育内容属于学习记录型，充分体现了以学生为中心的育人理念。

（二）注重多元立体性

德育内容的设计应关注参与主体的差异性。德育活动的形式应该多元开放，教师可以设计体验类、观察探究类、阅读记录类、劳动实践类等活动，充分关注学生个体的成长需求，体现螺旋式上升的设计理念，最终通过多元立体的德育内容全方位促进学生成长。比如在寒假设计"我爱我家""我爱阅读""我爱生活""我爱新技能""我爱文明""我爱健康"六大系列德育内容，内容包括：低碳环保·你我践行——做好垃圾分类；秀美家乡·春节印象——营造家庭节日氛围，包括大扫除、写（贴）对联、剪（贴）窗花等；红心向党·悦读阅美——坚持每天阅读，进行阅读打卡和分享阅读收获，建议学生多看中国历史、科普、艺术、经典文学等方面的书籍；拳拳爱国心·铮铮强国志——观看有教育意义的电影、参观爱国主义教育基地；解锁新技能·进步每一天——向长辈学习一项新技能或教会身边的人学习一项新技能；文明有礼·防疫先行——与邻居互帮互助，和谐相处，外出做好个人防护、戴口罩、勤洗手，与人保持适当距离；交通规则·谨记心中——外出走路、乘车要遵守交通规则，乘坐电动车或摩托车要戴头盔等。

（三）增强实践实效性

德育内容的最终目标是落实行为规范，注重实践是其基本属性。教师可通过社会调查、观察、访谈等内涵丰富、形式多样的实践活动，让学生了解社会、走进生活、塑造自我，让学生拓展创新已有知识、巩固提升已有技能，为学生搭建学习新知识、探究新事物、掌握新技能的平台。设计德育内容还应做到"实"而"精"，注重实用性；作业量少而精，科学统筹、合理安排，不占用学生过多的课余时间。比如在暑假设计"我强责任""我爱祖国""我讲美德""我健身心"四大系列德育内容，内容包括：忆峥嵘岁月·植爱国情怀——观看电影或优秀电视栏目，如《我和我的祖国》《红星照耀中国》《觉醒年代》等；关注国家大事，就其中自己感兴趣或有感悟的新闻撰写观后感或将感想以视频的形式记录下来；孝老爱亲·德润童心——帮助家人或长辈做一件自己力所能及的事；废物巧利用·环保我先行——与家人一起进行垃圾分类，将废旧物品变废为宝，制作生活用品；养护绿植·此木生芳——在自家小阳台养护绿色植物；学习新技能·掌握真本领——坚持学习新技能，做力所能及的家务事，制作"新技能展示卡"；夏日当家·乐享时光——做小当家，负责家里一天的饮食、卫生等活动；童心服务·志愿有我——积极参加志愿服务和社会实践活动；自律作息·未来可期——寻找"约战伙伴"，与同伴约定假期一起自律生活，并坚持执行；锻炼强体魄·运动添活力——每天做运动；书香满夏日·阅读增智慧——坚持每天阅读、在智慧阅读平台打卡并分享阅读收获，可建议学生多走进图书馆，也可以使用听书软件等。作业形式包括学习记录型、劳动实践型、体验型等，注重知行合一。

（四）凸显时效性

教师可抓住当前时代主题和热点事件，布置相应的实践性作业。例如围绕奥运会、感动中国人物、优秀传统文化、英模劳模事迹等设计德育内容，通过与时俱进的内容、灵活多样的形式，突出思想内涵，强化思想引领，指导实际行动。如在"国之脊梁"袁隆平院士逝世后，教师可设计一项特殊的德育内容——光盘行动，致敬国士，让学生通过具体的行动，感受袁隆平院士无论身处何种境地，始终流淌着家国天下的热血的家国情怀，让学生用实际行动致敬英雄。2022年初，中国女足亚洲杯夺冠，从她们身上不仅看到"团队合作的拼劲"，还有"困境中不服输的干劲""顽强拼搏的韧劲""相信自己的冲劲"。教师可以设计主题为"让女足精神绽放光芒"的德育内容，引导学生发扬女足精神，并将之融入日常学习生活中，争当新时代的好少年，学会学习、学会做人，严于律己、自我超越。

三、德育内容的评价原则

德育内容不同于学科内容，因此要做到评价维度立体化，评价方式多元化，评价内容多样化，评价过程面向整体，应关注学生的全面发展，努力起到引导、激励、带动的作用。应注重纵向评价，关注学生的发展；评价重点关注过程，兼顾结果；挖掘每位学生的闪光点，利用评价进行引导教育，实现思想引领；评价时要客观公正，关注群体差异和个体差异，可以在具体情境中进行互动性评价。

（一）发展性原则

学生的成长具有个体差异性，而常规的作业评价较为关注横向的比较结果，忽略了学生的个体特点，对学生的评价有失偏颇。德育内容的评价角度，应当遵循发展性的原则，评价者应注重从学生自身的发展层面纵向衡量，给出具有"生命力、生长力"的评价。

（二）过程性原则

评价德育内容完成情况的着力点应该是过程。德育作业从本质上讲是实践类作业，其核心是实践，而实践本身是一个动态的过程，无法根据静态的实践结果给予客观、全面的评价，因此关注完成作业的过程是更为科学有效的评价角度。

（三）激励性原则

善于发现每名学生的闪光点，利用评价进行引导。评价者可从不同的角度树立榜样，争取让每名学生都能成为他人的榜样，帮助每名学生培养自我认同感、荣誉感，并在此基础上起到辐射、引领、带动的作用，以点带面，使其潜移默化地影响其他学生，进而形成良好的集体氛围。

（四）科学性原则

科学性原则是德育内容设计中至关重要的一个原则。它要求德育教育应基于科学的理论和实证数据，而不是仅仅依赖于个人的主观看法或者传统的信仰。科学性原则强调对人类行为和道德发展的深入理解，包括心理学、社会学和教育学等领域的研究成果。这意味着，在制订和实施德育计划时，应充分考虑学生的年龄、认知水平、文化背景和社会环境等因素，以确保德育教育是适当的、有效的，并能够真正促进学生的道德发展。此外，科学性原则还要求我们对德育教育的效果进行持续的评估和反馈，以便不断优化教育方法和内容，实现德育教育的最佳效果。总的来说，科学性原则要求德育教育既要有深厚的理论基础，也要注重实际效果，以科学的态度和方法来培养学生的道德品质。

科学性原则还强调跨学科的知识整合。因为德育不仅仅是教授道德规范，还包括理解人的道德心理和社会情境如何影响道德判断和行为。因此，一个科学的德育计划应该结合心理学、社会学、哲学、历史和其他相关领域的知识，为学生提供一个全面的视角来理解和评估道德问题。

此外，科学性原则还要求德育内容和方法适应时代的发展。随着社会的变化和科技的进步，新的道德问题和挑战不断出现。科学的德育教育需要定期更新内容，包含新的案例研究，教授学生如何在一个不断变化的世界中作出明智的道德判断。

还有，科学性原则强调开放性和批判性思维。它鼓励学生不仅接受传统的道德价值观，还要学会批判性地思考，对不同的观点和价值观进行分析和评估。这种思维方式有助于学生发展独立的道德判断能力，避免盲目从众。

最后，科学性原则对教育工作者提出了更高的要求。教师和德育工作者需要不断地更新自己的知识和技能，参与专业培训，以便更有效地传授科学的德育教育。同时，他们还需要与家长、社区和其他利益相关者建立合作，共同为学生创造一个有利于道德成长的环境。

总的来说，科学性原则是确保德育教育有效性和可持续性的关键，它要求德育教育的内容、方法和评估都建立在科学的基础上，以促进学生道德的全面、平衡发展。

第三节　小学德育内容的教学方法

在教育孩子们成长为有道德和责任感的公民的过程中，小学德育内容的教学方法显得尤为重要。德育不仅是教育的一个重要组成部分，也是孩子们个性和品格培养的基础。本书将探讨几种有效的小学德育内容的教学方法。

一、案例教学法

案例教学法是通过具体的案例来引导学生思考和讨论道德问题。通过真实或虚构的故事，教师可以向学生展示道德决策的复杂性。在德育教育中，案例教学法是一种非常有效的教学方法，尤其在小学阶段，孩子们的思维活跃，好奇心强，通过案例教学法可以引导他们更深入地理解和掌握道德观念，并引导他们思考如何在现实生活中作出正确的选择。

（一）案例的选择

在小学阶段使用案例教学法，案例的选择是至关重要的。案例应当简洁明了，与孩子们的生活经验紧密相连，并且能够引发他们的共鸣。比如，可以选择讲述一个孩子在学校找到了失物并归还给失主的故事，来教授诚实和责任的重要性。

（二）引导讨论

当教师向学生们展示了一个案例后，接下来应该是引导他们进行讨论。教师可以向学生们提问，如："你认为这个孩子为什么要归还失物？""如果是你，你会怎么做？"这样的问题可以激发学生们思考，帮助他们从不同的角度看待问题。

（三）深入解析

在学生们讨论完毕后，教师可以进一步解析案例，解释道德观念在这个案例中的体现。例如，教师可以指出，在上面的失物归还案例中，孩子展示了诚实和责任，这是因为他理解到自己的行为会影响到别人，并且选择了做正确的事。

（四）联系现实

为了让学生们更好地理解和应用道德观念，教师还可以引导他们将案例与自己的生活经历联系起来。可以让学生们分享自己在生活中类似的经历，或者讨论如果在自己的生活中遇到类似情况，应该如何做。

（五）总结与反思

在案例教学的最后阶段，教师应当总结本次教学的主要内容，并引导学生进行反思。反思环节可以让学生思考他们从案例中学到了什么，以及如何将这些道德观念应用到自己的生活中。

二、角色扮演法

小学德育角色扮演教学法是一种富有创意和效果显著的教学方式。通过模拟不同角色的行为和情感，学生能够在亲身体验中学习和领悟道德价值。然而，要使这种教学法发挥最大效果，需要教师具备一定的技巧和经验，同时也要注意调整和优化教学内容，以适应不同学生的需求和特点。角色扮演的设置步骤如下：

第一步，故事情境设置。教师需要根据教学内容，设计一些富有教育意义的故事情境。这些情境应与学生的生活紧密相连，如诚实守信、友善待人、环保意识类等。

第二步，角色分配。根据故事情境，教师给学生分配不同的角色，如老师、家长、同学、环保志愿者等。分配角色时要注意平衡，让每个学生都有机会扮演不同的角色。

第三步，角色扮演。学生按照分配的角色进行表演，模拟角色的言行举止。在此过程中，教师应引导学生深入体会角色的情感和动机，充分表现角色的特点。

第四步，互动交流。在角色扮演过程中，学生之间可以进行互动交流，共同推动故事情境的发展。教师可以适时提供提示，帮助学生更好地扮演角色。

第五步，反思讨论。角色扮演结束后，全班进行反思和讨论。学生可以分享自己在角色扮演中的感受和体验，思考如何将角色的优点应用到自己的生活中。

第六步，延伸活动。为加深学生的理解和体验，可以组织一些与角色扮演相关的延伸活动，如制作相关的手工、编写故事、制作角色卡片等。

角色扮演能增强学生的同理心，帮助他们理解和尊重不同角色的立场和感受。同时也能提高学生的社交技能，使他们学会在不同情境中适应和处理问题的能力，进而提升学生的道德品质和责任感。

然而角色扮演也存在一定的局限性，比如教师需要花费较多时间来准备、组织活动，并且教师需要具有一定的经验和技巧来引导学生有效地进行角色扮演。同时，对于一些内向、羞涩的学生来说，角色扮演可能会让他们感到有压力。对此，可以采如下几种策略来进一步优化角色扮演：

（一）教师培训

学校和教育部门可以为教师提供相关培训，帮助他们掌握角色扮演教学法的技巧和方法，以及如何调动学生的积极性。

（二）分步进行

对于一开始不太适应角色扮演的学生，教师可以采用分步教学法。比如开始时让他们观察别的同学的表演，然后让他们以小组的形式参与，最后逐渐让他们独立参与。

（三）提供支持

教师应给予学生充分的支持和鼓励，特别是对于那些不太愿意参与的学生。可以通过表扬、奖励等方式，鼓励他们积极参与。

（四）反馈与调整

在角色扮演活动结束后，教师应收集学生的反馈，了解他们在活动中的感受和体验。根据反馈，适时调整教学方法和内容，使之更加贴近学生的需求。

三、价值观探讨法

小学德育教学价值观探讨法是一种以学生为中心，注重思辨和交流的教学方法。它不仅有助于学生对道德价值的理解和认识，还能够培养他们的批判性思维和独立判断能力。在实施这一教学法时，教师的角色尤为关键，他们需要具备良好的组织和引导能力，以确保讨论的有效性和深入性。

为了进一步提升效果，教师还可以利用其他教学工具和资源。例如，使用多媒体和网络资源来丰富讨论的内容，或者邀请家长和社区成员参与讨论，以提供更多的视角和经验。

此外，教师还应注意为学生提供一个安全和受尊重的学习环境，鼓励他们勇于表达自己的观点，同时学会倾听和尊重他人的看法。这不仅能够提升学生的交流和合作技能，还能够为他们在未来的学习和生活中建立坚实的道德基础。

在教学过程中，评估和反馈也是非常重要的环节。教师可以通过观察和记录学生在讨论中的表现，来评估他们的参与度和理解程度。同时，收集学生的反馈，以了解他们对这种教学方法的感受和建议，进而不断优化和完善教学策略。

总之，在小学德育教学中，价值观探讨法是一种具有很高价值的教学方法，它以学生为中心，通过讨论和思考，培养学生的道德品质和价值观。为了充分发挥这一教学法的潜力，需要教师、学校、家长和社区的共同努力和支持。

四、道德模范介绍法

小学德育道德模范介绍法是一种高效的教学方法，能够通过生动的故事和事迹激发学生的兴趣，并引导他们建立正确的价值观。为了使这种方法更加有效，教师需要注意选择合适的道德模范，并积极引导学生进行思考和讨论。同时，将道德模范的品质与学生的日常生活联系起来，让他们认识到这些价值在实际生活中的重要性，并鼓励他们将这些价值付诸实践。此外，学校和教师可以与社区和家庭合作，共同为学生提供一个充满正面价值观和榜样的学习环境。

五、社区服务学习法

社区服务学习法是一种让小学生通过实际行动参与社区建设，同时培养其道德价值观和公民意识的有效方法。它将理论与实践相结合，让学生在为社会作出贡献的同时，也为自己的成长打下坚实的道德基础。

六、日常行为规范引导法

在小学德育教育中，日常行为规范引导法是一种十分重要且有效的教育手段。通过这种方法，教师能够直接指导学生在日常生活中养成良好的行为习惯和道德品质。这种方法强调在学生的日常生活中，通过具体的实例，来教导他们如何正确地行事。

日常行为规范引导法通常是在学生的日常生活环境中实施的，包括在课堂上、操场上、食堂里或者参加学校活动时。教师会留意学生的行为，并在适当的时候给予指导和建议。例如，如果一个学生在课堂上说话时没有举手，教师可以提醒他举手并等待被允许后再说话；或者，当学生在食堂排队时推搡别人，教师可以告诉他要排队等候，并尊重他人的空间。

此外，日常行为规范引导法还包括对学生行为的赞扬和表扬。当学生展现出良好的行为时，教师应该给予正面的反馈，以增强学生继续保持这种行为的动机。例如，当一个学生主动帮助同学捡起掉在地上的书时，教师可以表扬他的友善和乐于助人的行为。

同时，教师还应该教授学生如何自我监控和调整自己的行为。通过教导学生思考他们的行为及其对他人的影响，学生可以学会评估自己的行为，并在必要时作出调整。

值得注意的是，日常行为规范引导法不仅仅是教师的责任。家长和学校其他工作人员也应参与到这个过程中来。家长在家中可以强化在学校学到的行为规范，并且教师和家长应该保持良好的沟通，共同为学生的道德教育和行为规范建立一致的标准。

综上所述，日常行为规范引导法是通过在学生的日常生活中关注、引导和反馈他们的行为，来帮助他们养成良好的道德品质和行为习惯。这种方法的成功依赖于教师的细心观察，以及教师、家长和学校及其他工作人员的密切合作。

第六章 小学德育方法的选择和应用

第一节 小学德育方法的分类

德育方法具有多样性，教师和家长在培养孩子品德方面需要具有创造性，要选择适合的德育方法，并将其有效地融入到教学和家庭教育中，这对于孩子们的全面发展具有深远的意义。小学德育方法有以下几种：

一、开设德育课程

小学阶段的德育课程主要是《道德与法治》，直接对学生进行价值观念、行为规范等有关思想道德品质方面的教育。教师遵循教学大纲，按照学生不同的年龄特点，联系学生实际，对学生进行道德情感、道德认知和道德判断能力、道德行为的培养。

二、注重校园文化建设

校园文化建设是教育工作的重要组成部分，它不仅影响学生的学习和成长，还对学校的整体氛围和精神面貌产生深远影响。注重校园文化建设意味着创造一个积极、健康、和谐和富有成效的学习环境。

（一）注重校园文化建设需要学校明确其价值观和愿景

学校的价值观应该强调诚实、尊重、公正和责任等核心道德品质。这可以通过制定学校宪章、创建价值观墙画和举办与学校价值观相关的活动来实现。

（二）校园文化建设应该鼓励学生的积极参与

学生应该被鼓励参与课外活动、学生会和志愿者项目，这有助于培养他们的领导能力和社交技巧。此外，学校应该提供一个开放和包容的环境，让所有学生都有机会表达自己的观点和意见。

（三）校园文化建设也包括创建一个安全和支持性的学习环境

这意味着要提供充足的资源，如图书馆、计算机室和学习辅导室，以支持学生的学习。同时，学校应该设立反欺凌政策和心理辅导服务，以保护学生的身心健康。

（四）注重校园文化建设还意味着要培养对多样性的尊重和欣赏

在一个多元化的世界里，学生需要学会理解和尊重来自不同文化背景的人。学校可以通过举办国际节、组织文化交流项目和教授多元文化课程来培养这种意识。

（五）校园的美化也是校园文化建设的一部分

通过维护校园的清洁和美观，以及增加绿化和艺术作品，可以创造一个令人愉悦和鼓舞人心的环境。

总的来说，注重校园文化建设是一个多方面的过程，需要学校、教师、学生和家长的共同努力。通过创建一个具有积极性、支持性、开放性和多元化的校园环境，我们可以为学生提供一个有利于他们学习和成长的理想场所。

三、社会实践活动

通过参与社会实践，学生不仅能够将课堂上学到的道德和价值观付诸实践，还能在真实的环境中学习如何成为负责任和有爱心的公民。

例如，学校可以组织一次"社区清洁日"活动。在这一天，学生们在老师和家长的指导下，走进社区，清理街道和公园的垃圾。通过这个活动，学生们不仅学到了环保的重要性，还了解到作为社区成员的责任和获得为大家作贡献的满足感。

此外，学校可以与当地的敬老院或养老机构合作，安排学生们定期去探访那里的老人。在探访过程中，学生可以与老人交谈，为他们表演节目，或帮助他们进行日常活动。这种经历可以教会学生尊重和关心长辈，同时培养他们的同情心和社交技巧。

还可以组织"慈善义卖"活动。学生们可以在家长的帮助下制作手工艺品或烘焙食品，并在学校举办义卖活动，将所得的收入捐给慈善机构。这个活动不仅能教会学生慈善和奉献的意义，还能增强他们的团队合作意识和发展他们的创造力。

当然，"文化体验日"也是一个非常好的社会实践活动。学生们可以通过参观博物馆、艺术画廊或参加不同文化的庆祝活动，来了解和欣赏多元文化。这有助于培养他们的开放思维和对多样性的尊重。

总之，社会实践活动为小学生提供了宝贵的机会，让他们在真实的社会环境中应用和发展德育教育中所学到的价值观和技能。这些活动不仅增强了学生的个人品质，还为他们将来成为社会的贡献者打下了坚实的基础。

四、健全的德育管理机制

在小学阶段建立健全的德育管理机制至关重要，因为这是学生形成核心价值观和道德行为的关键时期。一个有效的德育管理机制应该综合考虑教育目标、教师参与、家庭合作和评估方法。

第二节　小学德育方法的选择原则

德育是全面发展教育的重要的组成部分，然而"随着我国经济社会不断飞速发展，学校德育面临着各种新的问题和挑战。网络社会、现代传媒、全球化、现代化、价值多元化和社会问题等成为当前德育发展不得不面对的新问题"。小学德育如何提高实效，全面贯彻《中小学德育工作规程》和《关于适应新形势进一步加强和改进中小学德育工作的意见》，完成"立德树人"的根本任务，笔者认为，除了更新教育观念外，关键在于德育方法的创新与优化。"德育方法是为实现德育目标、达到德育目的，施教者依据德育基本原则向学生提供德育服务（即帮助学生生成和发展良好的道德素质）时所采用的方式、手段与程序的组合。"然而，在德育活动过程中，如何正确地认识与科学地使用德育方法，即实现德育方法的正确选择与有效优化，这既是小学教育工作者的基本功，也是对教师职业的基本要求。德育方法的运用与优化要遵循以下六大基本原则：

一、目的性原则

鲁洁教授认为，"道德教育就是要帮助人用道德作为参照点来确定生活的方向和道路，使人能够生活得'更像一个人'。"德育方法运用与优化的目的性原则，是指德育方法的选择与运用不是为了方法而方法，而是要根据德育的目的来确定。正如苏联教育家马卡连柯所说："方法和目的的关系应该是检验教育逻辑的正确性的实验场所。从这种逻辑出发，我们就不能允许有不去实现既定目的的任何方法。"马卡连柯实际是说，没有漫无目的的方法，也没有不依赖方法就能实现的目的。方法是为解决问题并达到目的而存在的，因此，方法自然要与目的联系在一起才有意义。那么小学德育该如何遵循方法运用与优化的目的性原则呢？

一是，"教师要转变角色意识，根据角色来选择与优化德育方法。要从真理的'权威'、道德的'法官'中走出来，把自己当作一名倾听者、思想者、求知者、对话者。"简言之，教育者要转变观念，摆正自己的位置，做好学生道德品质的生成与发展的服务者、指导者。二是，正确认识小学德育的本质目的，根据德育的目的来选择与优化德育方法。笔者认为，就本质而言，小学德育的目的就是为学生道德素质的生成与发展提供持续改进的优质服务，让学生满意（这是直接目的）；为帮助学生生成和发展社会（包括国家、家庭、用人单位等）需要的某种品格服务，让社会满意（这是间接目的）。要认识到，德育目的由"直接培养什么样的人"到"为学生发展成为什么样的人服务，让学生满意，让社会满意"，这不仅仅是教育观的转变，还是教育本质的理性回归。三是，要明确目标，根据任务选择与优化德育方法。教师在选择与优化方法时考虑的焦点不是怎么去"讲"，而是如何去"导"。如何尽可能地实现多种方法的有机组合；如何科学地、适时地呈现准备的各种教育资料；如何把学生自主创新性学习和自我教育的积极性调动起来；如何因材施教；如何巧妙地当好导演；如何处理课堂突发事件；如何运用"任务驱动法"实现德育方法的有效配置与优化等等。

二、灵活性原则

德育方法运用与优化的灵活性原则，是指德育方法的选择与运用不是僵化的、一成不变的，而是需要视具体情况灵活掌握的。当人、时、地、情、境不同或变更时，尽管德育的内容和目标是相同的，也不一定要采用原来的方法。坚持德育方法运用的灵活性原则，才能避免僵化，实现德育方法的最大优化。

一方面，坚持德育方法运用的灵活性原则，是德育方法自身的性质所决定的。笔者认为，德育的方法分为两大类：一是教育工作者的德育方法；二是学习者的自我教育方法。教育工作者的德育方法有：语言说理类（分析法、讲解法、谈话法、讨论法、报告法等）、榜样示范类（典范影响法、典型引导法、身教示范法、品格影响法等）、实践锻炼类（劳动锻炼法、社会实践法、生活实践法、训练法等）、规范制约类（法律法规约束法、规章制度约束法、习俗惯例约束法、国际公约约束法等）、评价激励类（赞许鼓励法、表扬促进法、奖赏激励法、惩戒鞭策法等）、情感陶冶类（友情感染法、人格感化法、环境陶冶法、艺术熏陶法）。学习者的自我教育方法有：自我修养法、自我反省法、自我锻炼法、自我约束法，自我奖惩法等。如何将众多的德育方法予以合理配置和有效使用，进而提高德育实效，这是一门大学问。不同的问题使用不同的方法，不同的方法解决不同的问题，这说明方法选择的重要性；德育本身是复杂的活动过程，需要多种方法的共同参与，这又说明德育方法优化的必要性。

另一方面，坚持德育方法运用与优化的灵活性原则是对小学教育工作者的职业要求。我们知道，德育方法是为实现德育目标、达到德育目的，教育工作者依据德育基本原则向学生提供德育服务时所采用方式、手段与程序的组合，以及学习者在教育工作者的帮助下，在自我教育活动和过程中所采用方式、手段与程序的组合。就教育工作者而言，德育方法既是学校教育实现的工具，同时也是教育工作者的工作方法。因此，作为小学教育工作者，不但要做到熟练掌握和运用方法，而且还要因人、因时、因地、因情、因境灵活运用，做到德育方法的适时灵活配置，不断实现德育方法的再造与优化。

三、综合性原则

德育方法运用与优化的综合性原则，是指在小学德育活动过程中，既要科学选择和使用某种德育方法，又要视具体情况把多种德育方法结合起来，以提高德育实效。德育方法运用的综合性原则，是德育的性质所决定的。一方面，德育是一个系统的综合工程，得通过多种方法来协同作战方能收到实效。如诚信教育，对教育工作者而言，要涉及语言说理类方法、榜样示范类方法、实践锻炼类方法、规范制约类方法、评价激励类方法、情感陶冶类方法等；就学生而言，要涉及自我修养法、自我反省法、自我锻炼法、自我约束法、自我奖惩法等。另一方面，在德育活动过程中，德育方法常常需要视具体情况予以重新配置、改造或重组，以达到德育的最佳效果。这种德育方法的重新配置、改造或重组，实际上就是德育方法的优化。德育方法的优化，需要对德育方法本身的理解与准确把握，是在德育具体方法娴熟运用的基础上实现的。

实际上，在德育活动与过程中，基本都是多种德育方法的协同作战和综合运用，只使用某一种方法是不存在的。现在小学德育教育存在着一种误区，那就是在过分地强调某一种方法的同时，忽略了其他方法和整体方法的优化作用。只强调某种方法或某种途径的教育不是真正的教育；一种方法或几种方法是解决不了德育问题的。有道是"教育有法，但无定法"，这一经典名句十分清楚且富有哲理地为我们道明了教育方法的本质内涵及其重要性。"教育有法"，是要我们在掌握教育规律上和方法论上下功夫；"但无定法"，是要我们在方法的"活学活用"上和方法的优化上做文章。作为一名小学教育工作者，不明白这一点，就难以胜任教师工作。可见，作为一名教育工作者真正理解德育方法运用的综合性原则尤为重要。

四、适宜性原则

德育方法运用与优化的适宜性原则，是指在整个德育活动与过程中，要根据具体的情况，尽可能地选择和使用相对较为得当的德育方法。虽然说"条条大路通罗马"，但我们还须认识到"必有一条近便道"。任何一种德育方法都是有条件的、相对的。因此，德育方法的选择与使用也要因人、因时、因地、因情、因境而灵活掌握。在人、时、地、情、境不同或变化时，方法也要随之调整，才能确保有较好的德育效果。马卡连柯认为，"没有任何十全十美的方法，也没有一定有害的方法。使用这种或那种方法的范围，可以扩大到十分普遍的程度，或者可以缩小到完全否定的状态——这要看环境、时间、个人和集体的特点，要看执行者的才能和修养，要看最近期间要达到的目的，要看全部的情势如何而定。"这里马卡连柯实际上指明了德育方法的特点及运用策略。

方法只有得当与否之说，而无对错之言，要走出方法认识的误区。我们平时所说的"你的方法不对"之类的话，实际上应说"你所采用的方法不妥当"。转变这一观念十分重要，只有认识到这一点，才能真正地认识到方法的本质及内涵，才能客观地去认识方法、选择方法和使用方法。现在有一种倾向，那就是一说起"灌输"就人人得而诛之。这实际上是一种误区，不是"灌输"本身的错，而是我们用得不是地方、不是情景、不是时机，或用得太多，有的内容在某些情况下还非"灌输"效果才好。社会实践法是一种重要的教育方法，然而一味地强调该种方法，行吗？讨论法也很重要，但不管何种情景都用它肯定不行。

坚持德育方法运用的适宜性原则，就是要求我们对方法要有个正确的认识。除此之外，还要看学生的满意度。这就是说，在小学德育活动与过程中，教育工作者不但要在德育方法的选择与使用上做到适宜，而且德育方法还要视具体情况和学生的满意度而不断调整。实际上，德育方法本身就是一个完整的体系，也应像电脑一样不断扩容、不断升级、不断完善，要持续改进。

五、科学性原则

德育方法运用与优化的科学性原则，是指在整个德育活动过程中，对德育方法的科学态度、科学认识和科学使用。新行为主义学派的斯金纳于 20 世纪 40 年代提出了用科学的方法来安排教学的理论。他认为复杂行为是由简单行为构成的，所以主张把课程目标和内容分解成小的单元，然后按照逻辑程序排列，一步一步地通过强化手段使学生逐步掌握教学内容，最终达到预期的教学目标。当然，方法的选择与运用的科学性，并不能简单地理解成"强化"的使用，实际上斯金纳也是把强化作为促进教学的主要杠杆。方法的选择与运用要涉及对方法的科学认识，还要涉及方法使用的艺术性，涉及管理学知识。我们说，任何问题都有解决的路径和程序，科学的方法本身就是对教育规律的认识，而不是头脑发热的产物。同理，小学德育本身就是对小学生品德生成与发展规律的认识与探索，当然需要有科学的方法，而方法论本身就是一门科学。

坚持德育方法运用的科学性原则是教师职业要求，是教师职业特性所决定的。教师既然是一种职业，那么这一职业当然就要对该职业实现的方法提出要求、作出规定。这就是说，作为小学教育工作者不但要研究方法，而且要科学地选择和使用方法。真正地把握"教育有法，但无定法"的真谛并不容易，它深刻地阐释了在教育活动与过程中掌握方法和灵活使用方法的重要性和辩证关系。因此，在学校德育中那种僵化地看待与使用方法，或那种悲观地对待德育方法的行为都是不妥的。教育是人的教育，人的教育更需要科学有效的方法。坚持基本方法，同时倡导在基本方法基础上方法的灵活配置与有效组合，这就是科学的方法论。在我国小学德育理论研究与实践中，近年来出现了许多富有创意的德育新方法，这些方法中有些的确不失为一种好方法，或者说是某些方法的有效优化。但也有许多方法根本就不能称为方法，却被堂而皇之地加以推广。我们说，德育方法优化创新，不等于"想当然"，更不等于"凭空胡来"。德育方法的优化创新应该是德育方法熟练掌握与运用的结果，是教育方法选择与运用得炉火纯青的状态。坚持德育方法选择与运用上的科学性和灵活性的统一，这正是提高我国小学德育实效性的保证。

六、实践性原则

德育方法运用与优化的实践性原则，是指社会实践、社会生活是德育的根本途径，教育工作者要根据社会实践、社会生活途径等的特点选择与优化德育方法，培养学生自主创新性学习和自我教育的实践能力。杜威认为，教师最好的教学方法就是让学生去思考、去试验、去直接接触各种事实，这样学生才能在心灵上获得种种深刻的印象。强调实践性，这本身就是坚持科学的方法论，德育过程既是教育工作者灵活运用方法和优化方法的过程，也是师生双方的德育实践过程。就德育而言，必须坚持德育的实践性原则，否则就是没有实践的参与学生的"内化"行为，即学生品德的生成与发展就很难奏效。正如陶行知所言："教学做是一件事，不是三件事。我们要在做上教，在做上学。在做上教的是先生；在做上学的是学生。从先生对学生的关系说，做便是教；从学生对先生的关系说，做便是学。先生拿做来教，乃是真教；学生拿做来学，方是实学。不在做上用功夫，教固不成为教，学也不成为学。"可见，陶行知认为"教学做是一件事，不是三件事"，应在"做"上下功夫，不应在"教"上下功夫。知识教学如此，德育更该如此。

在小学德育活动与过程中，坚持德育方法运用与优化的实践性原则尤为重要，否则，德育必然要变成道德知识的传授，进而导致"灌输"方法的盛行，这当然是对德育简单化，也是对教育的曲解。"教学做是一件事，不是三件事"，然而，在我国实际上把"教学做"硬行拆成了三件事，而且只强调"教"，忽略了"学"，放逐了或变相放逐了"做"。德育方法运用与优化强调实践性原则，有意识地引导学生进行亲身体悟、角色扮演、价值澄清、解决道德两难问题，这既有利于学生道德思维能力（道德判断、道德推理、道德抉择）的培养，也有利于学生道德敏感性（对环境及他人情感、利益和需要敏锐的感受性）的生成。因此，小学教育工作者不但要指导学生利用好课堂教学途径，而且要有效利用社会实践、学校生活、管理工作等教育途径，只有这样才能提高德育实效。另外，在小学德育活动过程中，只有坚持实践性原则，才能摆正教师与学生的位置，才能真正把学习的空间、学习的权利、学习的快乐、学习的自由还给学生，才能提高学生的自主创新性学习和自我教育的能力，促进其道德品质的生成与发展。

第三节　小学德育方法的应用实例

小学阶段是学生形成基本道德观念和品行的关键时期。为此，运用有效的德育方法对学生的全面发展至关重要。本书将探讨几种小学德育方法的应用实例。

一、故事教学法

应用实例：

在一个明媚的早晨，一群小学生兴奋地走进了他们的道德与生活课教室。他们的老师，李老师，已经准备好了一个特别的教学计划，目的是教他们关于诚实的重要性。教室的墙上挂着一些木工工具和木制品的图片，为今天的故事创造了一个生动的背景。

李老师开始讲述"诚实的小木匠"的故事。故事中，有一个勤劳的小木匠，他住在一个美丽的村庄里。他非常擅长制作木制品，但更重要的是，他总是对自己的工作和对待客户非常诚实。一天，村里的一个富商来找他，要求他为自己的家制作一些家具。小木匠告诉富商，他会以最好的材料和公平的价格完成这项工作。几天后，富商收到了一套精美的家具，并且感到非常满意。

然而，富商的邻居却觉得嫉妒。他也找到小木匠，但他希望小木匠能够用便宜的材料制作家具，并向他收取更高的价格，这样他就可以欺骗他的朋友。但是，小木匠拒绝了这个提议，坚持要诚实地工作。消息很快传遍了整个村庄，人们开始赞扬小木匠的诚实和正直。从那以后，村民们更加信任他，他的生意也变得更加兴旺。

讲完故事后，李老师让学生们分组，并为每个组分配故事中的角色。她提供了一些简单的木工工具的道具，让学生们在角色扮演环节中使用。

孩子们全神贯注地参与角色扮演，他们以生动的表演将故事中的角色和情节展现得淋漓尽致。小木匠的角色充满热情和正直，而富商和他的邻居则通过他们的角色传达了不同的情感和动机。

角色扮演结束后，李老师引导全班进行讨论。她询问学生们通过这个故事学到了什么，以及诚实在他们自己的生活中的重要性。学生们积极发言，分享了他们对诚实的理解和在日常生活中诚实的实际应用。一位学生分享道："我认识到，诚实不仅仅是说真话，还包括在工作和学习中保持诚实和正直的态度。"另一位学生补充说："当我们诚实时，人们会更加信任我们，我们的友谊也会变得更加牢固。"

李老师非常高兴地看到学生们从故事中学到了宝贵的道德品质，并鼓励他们将这些品质应用到自己的生活中。为了进一步巩固这个主题，她给学生们分发了一张工作纸，上面有一些关于诚实的问题和情景，让学生们思考并写下他们在这些情景下会怎么做。

最后，李老师总结了今天的课程，并让学生们许下一个关于诚实的承诺。她让每个学生写下一个简单的承诺，比如"我承诺我会对我的朋友和家人诚实"或"我承诺在学校里不作弊"，然后把这些承诺粘在教室的"诚实之墙"上。

在课程结束时，学生们兴奋地谈论着他们学到的东西，并表示他们期待将诚实的品质应用到自己的生活中。

这堂道德与生活课通过生动的故事和角色扮演，不仅成功地向学生传达了诚实的重要性，而且还激发了他们的积极参与和深入思考。通过这种互动式的教学方法，李老师成功地将道德教育与学生的日常生活相结合，为他们提供了一个实际应用道德价值的平台。

二、社区服务学习法

应用实例：

在一个金色的秋季学期，一群活泼的小学生在他们的老师，王老师的带领下，开始了一个令人兴奋的社区服务项目。这个活动的目标是让学生通过参与社区的环境保护活动，理解和学习责任、合作以及关心社区的重要性。

首先，学生们聚集在学校的会议室里，王老师向他们介绍了项目的目标和即将进行的活动。学生们热情洋溢，纷纷提出问题和建议。

第一个活动是为社区的公园清理垃圾。学生们穿着工作服，戴着手套，拿着垃圾袋和夹子，走进公园开始他们的任务。他们分成小组，每个小组负责清理公园的一个区域。他们不仅清理了废纸和塑料瓶，还清理了树叶和枯枝。在清理过程中，学生们学会了团队合作，互相帮助，并意识到保持环境清洁是每个人的责任。

接下来，学生们开始了环保知识宣传活动。他们通过学习和研究，制作了一系列有关环保的传单和海报。他们向居民解释垃圾分类的重要性，节约水和电的方法，以及如何减少日常生活中的污染。

随后，为了更有效地传播环保信息，学生们还举办了一场小型的环保展览。他们在社区活动中心展示他们制作的海报，并制作了一些简单的环保工艺品，如用废旧材料制作的花瓶和装饰品。

在这个过程中，学生们也与社区居民互动。他们向居民询问他们在环保方面的想法和做法，并分享自己的学习经验。这种互动增强了学生对社区的归属感和责任感。

在学期结束时，学校举行了一个简单的仪式，表彰参与社区服务活动的学生。每个学生都收到了一份证书，以表彰他们的贡献和努力。

这个社区服务活动不仅让学生们学到了宝贵的生活技能，如责任、合作和关心社区，而且还帮助他们建立了与社区的紧密联系。他们学会了，作为社区的一分子，他们可以通过积极行动产生积极的影响，并为共建更美好的环境作出贡献。

在活动结束后的几周里，学生们在课堂上分享了他们的经历和所学到的东西。他们谈论了他们是如何通过团队合作更有效地完成任务的，以及与社区居民互动时学到的宝贵经验。

王老师也注意到，参与社区服务活动的学生在课堂上展现出更高的责任意识和合作精神。他们在团队活动中更加积极，更愿意帮助同学，并且在课堂讨论中提出更加深思熟虑的见解。

学生们的家长也参与到这个活动中。他们向学校表示感谢，因为这个活动不仅教会了孩子们高尚的道德品质，而且还为他们提供了一个实际应用这些品质的机会。家长们纷纷表示，他们的孩子对家庭也变得更加负有责任感并且乐于助人。

因此，通过参与社区服务活动，小学生们在实践中学习和发展了责任、合作和关心社区的重要品质。这种实践性的学习不仅增强了他们的个人能力，还对他们所在的社区产生了积极的影响。

社区的居民和领导也表示感谢，并表示希望这种项目能够成为一种常态，让更多的学生有机会参与并为社区作出贡献。

最后，学校决定将这个社区服务活动纳入常规课程，并计划在未来的学期中继续开展类似的活动，以培养学生们的社会责任感和公民意识，为他们成长为有道德、有责任感的公民奠定坚实的基础。

三、案例分析法

应用实例：

在一个平静的周二上午，班级的氛围是兴奋和专注的，因为有一节道德教育课。李老师站在黑板前，向学生们介绍了一个发生在他们学校的真实案例。这是一个关于诚实和责任的故事，其中一名学生捡到了一位老师遗失的钱包，并立即将其交给了校务处。

李老师描述了情境的细节，然后引导学生们进行深入的分析。她问："这个行为有哪些影响？""如果是你们，你们会怎么做？""为什么这么做很重要？"

学生们热烈地参与讨论。一名学生举手说："如果我捡到钱包，我也会交给校务处，因为那是正确的事情。"另一名学生补充说："当我们诚实地行事时，我们赢得了人们的信任。这对我们和我们周围的人都有好处。"

随着讨论的深入，李老师让学生分组，每组探讨可能的不同情境和选择，并讨论每个选择的后果。比如，如果钱包被保留或者如果钱被取走，然后钱包被交还等情况。

分组活动结束后，每个小组向全班展示他们的发现。学生们提到了一系列有趣的观点，包括如何做他们的行为会影响他们的名声，以及如何作出正确的道德选择有助于建立一个更和谐的社区。

然后，李老师引导学生反思这个案例与他们自己生活中的相似情境，并讨论如何将这一教训应用到日常生活中。学生们分享了他们在家庭、学校和社区中的个人经历，以及他们是如何做出有道德的决定的。

课程接近尾声时，李老师总结了学生们提出的重要观点，并强调道德行为在现实生活中的重要性。她鼓励学生们始终保持诚实和负责任的态度，并记住他们的行为会影响到他们自己和他们周围的人。

这节课通过案例分析法，成功地让学生们在现实情境中理解和体会到道德行为的重要性。通过参与讨论和反思，学生们不仅学到了有关诚实和责任的理论知识，而且还学会了如何将这些价值观应用于实际生活。学生们深刻地认识到，他们的每一个选择和行动都具有意义，并且能对他们所在的社区产生影响。

课后，许多学生在课堂上留下来，与李老师进一步讨论这个主题。他们分享自己过去的经历，并询问如何在特定情境中作出更好的道德决策。李老师耐心地回答问题，并提供指导。

几天后，李老师收到了一封来自学生家长的感谢信。家长在信中表示，他们的孩子自从上了这节课后，变得更加体贴和负责。他们很高兴看到学校通过这样的实际教学方法，培养学生的道德品质。

此外，校长也注意到了这节课的影响。他提议将此类案例分析法整合到学校的德育课程中，并建议其他老师也尝试使用类似的方法。

随着时间的推移，学校的道德教育课程逐渐变得更加实际和具有参与性。学生们开始更加积极参与社区服务和学校活动，展现出更强的责任感和道德觉悟。

这个真实案例的分析教学不仅仅是一节课程，它还变成了一个催化剂，促使整个学校、社区更加关注道德教育和价值观的培养。通过让学生参与和反思现实生活中的情境，他们能够更深入地理解和欣赏道德行为的价值，为他们成为有责任感和符合道德标准的公民奠定基础。

四、德育游戏法

应用实例：

在一个明媚的周五早晨，张老师走进了充满活力的五年级教室，她带来了一种新颖的学习方式。她告诉学生们，今天他们将不是通过传统的教科书学习，而是通过一种特别的团队建设游戏来学习分享和合作的重要性。

学生们被分成四个小组，每个小组有五名成员。张老师解释说，每个小组需要通过合作来完成一系列挑战，这些挑战涉及解决问题、创造力和团队合作。每个小组都有一些基本资源，但关键是如何有效地共享和利用这些资源来达成目标。

第一个挑战是建造一座纸牌塔。每个小组都有一副扑克牌和一根胶棒。目标是建造一座尽可能高的塔。学生们立即投入工作，开始讨论策略和分配任务。他们开始意识到，通过分享想法和资源，他们能够更有效地建造纸牌塔。

接下来的挑战是一个"沙漏计时器"游戏。小组需要制作一个能够精确计时一分钟的沙漏。他们可以使用提供的材料，如塑料杯、沙子和胶带。在这个过程中，学生们学会了有效沟通的重要性，因为他们需要不断调整和改进沙漏以实现准确的计时。

最后的挑战是一个"救援任务"游戏。学生们需要设计一个简单的机械装置，使用绳子和橡皮筋，将一个"受困"的玩具从一个障碍物区域中"营救"出来。在这个任务中，团队合作显得尤为重要，因为他们需要一起操作装置，同时确保不会让玩具陷入更深的困境。

在游戏结束时，学生们聚集在一起，分享他们在游戏中的经验和所学到的东西。他们兴奋地谈论他们是如何通过分享资源、有效沟通和团队合作来解决问题的。

张老师借此机会引导学生们深入思考，让他们意识到这些技能在日常生活中的应用，如在家庭、学校和未来的职业生涯中。

最后，张老师表扬了所有的学生们，赞扬了他们的努力和合作精神，并鼓励他们在日常生活中继续运用这些技能。她强调，分享和合作不仅仅是完成任务的手段，而且是建立友谊和社区生活的基础。

学生们满怀激情地离开教室。在接下来的几天里，张老师注意到一些变化。学生们在课堂上更加积极参与讨论，他们更愿意分享他们的学习材料，并且在小组项目中表现出更强的团队合作能力。

一个星期后，张老师决定给学生们一个小任务，让他们把在团队建设游戏中学到的东西应用到一个实际项目上。学生们被要求以小组为单位，选择一个对他们的社区有积极影响的项目，并设计一个实施计划。

学生们兴奋地投入到这个任务中。一个小组选择为学校的图书馆筹集资金来购买新书；另一个小组则决定创建一个环保俱乐部来推广环保意识。

在项目进行的过程中，学生们发现他们在团队建设游戏中学到的技能非常有用。他们学会了如何更有效地沟通，如何分享资源，并且意识到通过合作，他们可以达成更大的目标。

几周后，当学生们向全校展示他们的项目成果时，张老师感到无比的自豪。她看到了学生们的成长，看到他们如何将一个简单的游戏转化为实际行动，以改善他们的社区。

这个经历不仅对学生们有深远的影响，也让张老师深受启发。她意识到，通过动手实践和团队合作的学习方式，可以培养学生们的社交技能、责任感，以及对社区的关心。

这个故事表明，教育不仅仅是教授知识，更是通过实际的体验和活动，培养学生的价值观和生活技能，为他们未来的生活奠定坚实的基础。

五、反思和讨论法

应用实例：

在一个宁静的下午，小学生们聚集在教室里，准备开始一堂以"尊重"为主题的特殊课程。德育老师，陈老师，以温暖的笑容开场，鼓励学生们分享他们在日常生活中展示尊重的例子。

一个小男孩兴奋地举手，分享了他如何帮助老奶奶过马路；另一个女孩则讲述了她如何倾听她的朋友讲述一天的经历，而不打断她。

接着，陈老师将学生们分成几个小组，让他们讨论尊重在生活中的重要性。教室里很快就充满了激烈的讨论声。学生们提出了各种观点，如尊重可以使人们感到被重视，有助于建立友谊，还可以减少冲突。

讨论结束后，每个小组选派一名代表向全班汇报他们的讨论结果。学生们聆听着，时而点头，时而发出赞同的声音。

在这个简短的课程中，陈老师通过鼓励学生们分享个人经历和集体讨论，成功地让他们反思和理解"尊重"这一道德价值在日常生活中的表现和意义。当学生们离开教室时，他们带着新的认识和决心，准备在生活中更加积极地实践尊重。

六、德育主题墙报

应用实例：

一位小学教师，林老师，她在教学过程中注意到，学生们在日常生活中有时缺乏对友善行为的关注和认识。为了激励学生们更加重视友善行为，并在生活中积极付诸实践，她发起了一个名为"友善之星"的墙报活动。

在活动开始时，林老师在班级里进行了一个简短的开场白。她谈到了友善的重要性，并解释了友善行为对个人和社会的积极影响。她鼓励学生们在接下来的一周里，积极观察身边同学们的友善行为，并把这些行为记录下来。

学生们对这个活动表现出极大的热情。他们在课间、午餐时间和课后活动中留心观察，记录下了同学们的友善行为，如帮助捡起掉在地上的书本，分享自己的橡皮或铅笔等。

在周末，学生们将这些友善行为写在彩色的小星星纸片上。每个星星上都详细写着友善行为的内容以及他们对这个行为的感受。

当所有的星星都准备好后，林老师和学生们一起把这些星星贴在教室的一面墙上，形成了一片璀璨的"友善星空"。墙上的每颗星星都代表着一个温暖的故事和一个美好的行为。

此外，林老师还邀请其他老师和学生的家长来参观这个"友善之星"墙报，并让学生们向他们讲述这些友善行为的故事。

随着活动的进行，学生们不仅学会了关注和欣赏他人的友善行为，还在自己的行为中融入了更多的友善。他们开始更加主动地帮助同学，分享自己的东西，并表现出对同学更多的关心和理解。

一个月后，林老师收到了许多家长的反馈，他们表示孩子在家里的行为也变得更加友善和体贴。学校的校长也对这个活动给予了高度评价，并建议将其推广到全校。

"友善之星"墙报活动以一种简单而有效的方式，成功地把友善的价值观融入到学生的日常生活中。它引导学生们去观察、理解和模仿友善行为，从而让他们内化友善的价值观，将其转化为自己的行为。

这个活动也产生了意想不到的"连锁反应"。一些学生在课堂上分享了他们的观察结果和体验，这激励了更多的学生积极参与到活动中来。有些学生甚至在家庭和社区中推广了这个活动，进一步扩大了其影响力。

同时，"友善之星"墙报也成为了一个重要的学习资源。学生们可以通过阅读墙报上的内容，了解和学习更多的友善行为。林老师还定期组织学生们围绕墙报进行讨论和反思，深化了他们对友善的理解。

总的来说，"友善之星"墙报活动不仅提高了学生们的道德素养，也促进了班级的文化建设。它表明，小学德育教育并不需要复杂的教材和专业的知识，一个简单的活动，一个日常的观察，就可以引发深刻的道德启示。

在今后的教学实践中，林老师希望能设计出更多像"友善之星"墙报这样既富有教育意义又有趣的活动，以帮助学生们在日常生活中深化对德育理念的理解和实践，培养他们成为具有良好道德品质的人。

七、日常行为评价法

应用实例：

有一所学校以其独特的德育教学方法而闻名，其采用了一种名为"日常行为评价表"的方法，来鼓励学生养成良好的道德行为。

该校校长意识到，对学生的道德教育与学术成绩同样重要，甚至可能比学术成绩更加重要。于是，他便和教师们一起设计了这个评价表。评价表包含了一系列的道德行为，如诚实、责任、尊重和合作。教师们在课堂和课间密切观察学生的行为，并在评价表上做记录。

每个月的最后一天，学校会举行一个简短的仪式。在这个仪式上，表现优秀的学生将被邀请到台前，接受一张精美的证书和一些小礼物，以表彰他们的良好行为。

这个活动在学生中产生了积极的影响，他们开始更加注意自己的行为，并努力在评价表上得到更高的分数。学生们争先恐后地帮助同学，分享他们的玩具，和老师以及家长说真话。

家长们也非常支持这个项目。他们发现孩子在家里的行为也有了显著的改进。家长们在学校的聚会上分享他们的故事，并表达对学校的感谢。

该校的"日常行为评价表"项目取得了巨大的成功，通过积极的反馈，它有效地提升了学生的道德行为，并为他们的未来生活奠定了坚实的基础。

八、"家庭作业"与家长的参与法

应用实例：

李老师一直在寻找创新的方法来教导学生德育，并意识到家庭是德育教育的重要组成部分。因此，她为学生布置了一个特殊的"家庭作业"。

这项作业要求学生与家长一起讨论家庭中的道德规范，并撰写一篇不超过200字的短文，描述他们家庭的道德规范和价值观。

学生们带着"作业"回到家中，与父母一起讨论如何尊重长辈、如何分享、说实话的重要性以及其他的家庭价值观。这个过程不仅加深了学生对道德规范的理解，而且还增进了家庭成员间的沟通和联系。

一周后，学生们带着他们的短文回到学校。李老师把学生们叫到前面，让他们向全班同学分享他们的家庭道德规范。这个过程让学生们有机会听到不同家庭的价值观和规范，扩大了他们的视野。

作为回馈，李老师给每个参与的家庭发送了一封感谢信，并邀请家长参加一个特别的家长会。在这次家长会上，家长和老师一起分享了他们在这个活动中的经验，探讨了如何在家庭和学校中进一步推广德育教育。

这个简单的"家庭作业"项目不仅让学生在家庭环境中学习德育，而且加强了家校之间的联系，为学生的德育教育搭建了一座坚实的桥梁。通过这个活动，推动了德育教育的深入开展。

小学阶段是培养学生道德品质的关键时期，通过采用多种德育教学方法，可以有效地引导学生形成良好的道德观念和行为习惯。这需要教师的创造性、家长的支持以及学校和社区的合作，共同为学生的全面发展创造一个有益的学习环境。

当然，我们还需要意识到，德育教育是一个持续的过程，而不是一次性的活动。因此，不断地评估和改进是至关重要的。

第七章　小学德育评价的方法和标准

第一节　小学德育评价的概念

一、概念

在探讨小学德育评价的概念之前，我们首先要理解"德育"和"评价"这两个词的含义。德育，通常指的是通过教育来培养和提升个人的道德品质和行为。在学校教育中，德育往往包括道德观念、价值观、道德情感、道德意志和道德行为等方面的教育。对于小学生来说，德育主要是培养他们的基本道德观念，如诚实、守信、尊重他人、爱国等，并引导他们形成良好的行为习惯。评价是指对某一对象或活动进行分析、判断和价值判定的过程。在教育领域，评价通常是对学生的学习和发展进行分析和判断，以了解他们的进步和需要改进的地方。小学德育评价是指在小学阶段，通过各种手段和方法，对学生的道德品质、行为、情感、态度等方面进行系统的观察、分析和判断，以了解学生在德育方面的发展水平，为进一步的教育提供依据和参考的过程。对于"德育评价"的概念学界也有较为热烈的讨论，许多学者都提出了自己的观点，概括起来主要有以下两类观点：

一类是认为："德育评价是通过判断学生的德育水平进而判断学校德育目标达成度的一项价值判断活动。"

另一类是认为："德育评价是对学校开展的德育活动的社会价值及其个体价值作出判断的过程。"

可见，尽管学界学者对德育评价的概念界定在表述上有差异，但是都认同德育评价是一项价值判断活动或是价值判断的过程。本研究综合前人对德育以及德育评价的概念界定，倾向于把德育评价界定为：多元化德育评价主体依据一定的德育评价目标和符合当前德育评价对象的评价标准，采取多样化德育评价方法，全方位地收集能反映学生德育水平的相关信息，科学地对学校开展的德育活动及其效果作出价值判断的过程。

二、开展小学德育评价体系研究的重要性分析

（一）小学德育评价体系研究的现实必要性

小学德育评价体系是构建德育评价体系的起点和基础，决定了后期德育发展的层次与高度。根据小学学生身心发展特点、规律及学者们的调查研究得出：小学阶段是塑造学生良好道德意识、道德习惯、道德行为的最佳阶段，而整体构建小学德育评价体系才能从根

本上保证德育的效度。因此小学德育评价体系的研究具有很强的现实必要性，主要体现在它的"时代意义"和"研究意义"上。

1.时代意义

小学德育评价体系的研究在当今时代不仅是对个人道德成长的关注，而且是对社会责任、全球意识、环境保护、创新思维等多个层面的综合考查。在快速变化和多元化的社会背景下，这一研究有助于为小学生打下坚实的德育基础，为他们的终身学习和全面发展奠定基础。同时，也有助于培养一代具有社会责任、环保意识、创新精神和全球视野的公民，推动社会的和谐与进步。

（1）适应社会变革

随着科技的飞速发展和社会的快速变革，新的价值观和行为模式不断涌现。在这样的背景下，小学德育评价体系需要不断更新和优化，以适应社会的变化和新的教育需求。

（2）培养全球化意识

在全球化日益加剧的时代，培养具有全球视野和国际意识的公民变得越来越重要。小学德育评价体系的研究应着重于如何在德育中融入全球化元素，培养学生的跨文化理解和国际合作能力。

（3）加强信息素养和网络道德

信息化时代，学生接触网络和社交媒体的年龄越来越小，网络道德和信息素养成为德育的重要组成部分。研究如何在小学德育评价体系中加强这些方面，能够培养学生的信息判断能力和网络道德意识。

（4）应对环境和可持续发展挑战

面对全球气候变化和环境问题，培养学生的环保意识和可持续发展观念是至关重要的。小学德育评价体系的研究可以为此提供理论支持和实践指导。

（5）促进心理健康和社会适应

现代社会竞争激烈，学生的心理压力和社会适应能力受到考验。德育评价体系的研究应着重于如何通过德育培养学生的心理素质和社会技能。

（6）培养公民意识和社会责任

在社会公正和公民权利日益受到重视的时代，培养学生的公民意识和社会责任感是德育教育的重要任务。小学德育评价体系的研究可以探索如何更有效地进行这方面的教育。

（7）适应家庭结构和文化的多样性

现代社会家庭结构和文化背景的多样性，要求德育评价体系能够适应不同家庭和文化背景的学生，提供更加包容和多元的德育评价方法。

2.研究意义

德育评价是德育工作中的重要内容，但德育评价难以量化，难以建立一套科学有效便于操作的评价指标体系，成为研究者的共识。它需要从学生成长规律和德育教育的规律入手。增强一体化建设、完善分层化实施。开展小学德育评价体系的研究，将有助于以系统的办法解决系统运行中的问题，既能破解由于全局设计不够而产生的衔接不足等表象性问题，也能变革由于规律把握不准而造成的深层次德育理念与方法问题，从而实现表象治理与正本清源并重、顶层架构与分步实施兼顾、立足现实与面向未来同行的良好格局。具体的研究意义表现在：

（1）有利于儿童品德的发展

从儿童认知心理学角度来看，一般情况下，由于受生活经验、活动能力和思想水平的局限，儿童年龄越小越容易形成正确的道德观念，外在的德育要求和教育性的德育活动就越容易发生影响，因此要抓住小学这个儿童品德发展的关键期。而德育是促进儿童品德发展的根本途径，德育评价又是德育的重要环节，因此小学德育评价体系的建立是保证儿童品德发展的重要保障机制。

（2）有利于提高和增强小学德育的实效性

小学德育评价是德育管理工作中的重要环节，建立完整有效的德育评价体制有利于促进学校的德育改革，把竞争机制引入学校德育领域，能调动德育者的积极性、主动性、创造性，提高德育工作水平，同时也有利于学生提高自身的自我评价、自我教育的能力，取长补短，促进其良好品德的发展。

（3）促进德育教育的创新和改革

研究可以发现现有德育体系的不足和潜在的改进空间，通过创新的方法和策略，可以使德育教育更加符合时代的需求，更有效地培养学生的道德品质。

（4）提供评估和监测工具

德育体系研究可以开发出更加有效的评估和监测工具，以评估学生的道德发展和德育教育的成效。这对于教育工作者和政策制定者在调整和优化德育教育策略时具有指导意义。

（二）目前小学德育评价体系存在的问题

小学德育评价是基础教育小学阶段德育的重要内容，虽然目前我们在德育目标的设定、内容的选择和方法的运用上有所发展和创造，并取得了一些阶段性的成果。但从整体上来看，还缺乏一个完整的、客观的、有效的小学德育评价体系。它是检查、督导、评估德育质量的重要机制，可以帮助测评我们前面所做的德育工作是否有效，并调控后续的德育内容。但目前无论是在小学德育评价的理论上还是小学德育评价的实践层面上，都存在着诸多问题。具体表现在：

1.理论层面

从系统论的角度上说，由于小学德育评价基本的理论研究不足，导致德育评价体系整体衔接不够，没有形成一个完整的体系，不能突出德育发展的渐进性规律，缺少系统性、比较性、人文性及借鉴性的理论研究。

从系统论的观点上来说，整体建构小学德育评价体系并不是简单地站在顶层高度，将小学各学段的德育内容整合相加，而是要在小学德育评价原有的德育理论基础上充分分析德育成效，并结合当前社会现状及小学各学段学生身心发展的状况，找到各学段、各层面间的内在联系，促使德育评价体系呈现出学校、班级、课堂及学生个体评价内容相互衔接的趋势，以摆脱当今德育评价中各学段、各层面脱节的现象。同时小学德育评价体系的建构还应弥补德育心理理论的不足，增强科学化水平，理论建构好后才能指导后续的实践。

2. 实践层面

实践方面总的来说德育评价目标高、大、全，缺少结构效度；德育评价主体要求多元、实质单一，缺少多元化；德育评价方法有待完善、大多追求量化，缺少人文关怀；德育评价功能取向不准，过分强调德育评价的选拔、控制功能，缺少正确的激励导向作用。小学德育评价体系具体表现在：

（1）德育评价目标适切性不强

多数德育评价目标的设立没有充分考虑到学校、班级、课堂及学生个体评价的内容，或德育目标的设立没有根据学生心理发展的规律，超出了学生的认知水平，或评价目标侧重于共性而忽视了学生的个性发展，影响了德育的效度。

（2）评价的标准不客观

在德育评价过程中，对评价的标准没有结合实际情况，要么标准过高，要么过低。应根据客观需要制定相对客观的评价标准。

（3）评价主体单一

在当今社会多元化的背景下，许多学者强调德育评价主体多元化的重要性。但实际上，大多数情况是德育评价主体形式上多元化，实质上还是以教师评价为主的单一化评价模式。针对以上问题，教育者们也做了许多尝试和努力，并取得了一些宝贵的实践经验和实际效果。如广东省曾云新老师发表了题目为《构建德育多元评价体系 突显职校德育管理特色》的论文，提出要构建德育多元评价体系，不仅要包括评价主体多元化，还要包括评价范围多元化，评价项目（内容）多元化。

（4）评价的方法简单，缺少人文关怀

德育评价方法追求量化，缺少人文关怀，而注重德育评价的选拔功能是造成评价方法缺少人文关怀的主要原因。德育评价的最终指向应是促进学生的品德发展，因此在评价过程中要注重对学生品德发展的过程性评价。在方法的选择上应遵循学生心理发展规律并结合学生的实际需要，灵活选择适当的评价方法。

（5）德育实效性不高

目前一些小学德育教师对德育重视不够，加之师资匮乏，教师专业素养不高，小学品德课由教师兼任，减少课时或挪作他用的情况比较常见。这会直接影响到后续德育工作的开展，从而影响到整个德育工作的实效性。究其根本原因就在于没有形成一个有效的德育评价监督和管理机制。要想改变这一情况，要借助于构建一个完整的小学德育评价体系来监管学校德育工作，从而促进学生的德育发展。

第二节　小学德育评价的方法

一、小学学校德育评价内容

（一）学校德育总目标和整体德育规划

学校德育的总目标：是建成一个完整的小学德育评价体系，确立一个完整的小学德育评价体制，形成一种完整的小学德育评价体系格局。基本建成一个以学校体制队伍建设、学校德育环境设施、德育渠道和模式、德育方式和途径、德育效度和调控五个维度为纬，以小学各阶段学生发展为经，从学校到各年级，从各年级到各班级，从各班级到各学生的这样一个自上而下，各阶段各环节相互配套、协调一致、相互贯通、有效衔接、科学规范的立体的小学学校德育评价体系。

同时，学校德育的总目标要与我国现行的学校德育目标一致，以培养社会主义建设者和接班人为终极目标。在充分发挥学生道德主体性的基础上，通过多元、多维度、全视角的德育评价，对学生的情感、态度、价值观施加影响和正确的导向，把社会主义核心价值观的内容融入学校德育的总目标中去。具体细化为：让学生树立基本的是非观念、法律意识和集体意识，对国家、民族、人民等有基本的认识和正确的态度，做社会主义合格小公民；逐步培养起良好的意志品格和乐观向上的性格，使他们有爱心、有责任心、善思考、能合作、有毅力，具备阳光心态。

整体德育规划：首先，学校要对学校德育工作的内容进行整体的统筹规划，同时教育行政部门要制定一套适合本地区的学校德育目标，并设计与之相匹配的学校德育评价考核体系；其次，学校要根据教育行政部门制定的德育目标及德育评价考核的内容，结合本校实际情况，制定出适合本校的德育工作目标及德育考核细则，再根据小学不同学段提出不同的德育目标及德育要求，并细化到各年级、各班的日常德育管理工作体系中去；最后，每个年级和每个班级要以学校德育目标及德育评价考核为德育工作的中心，结合本班实际情况，细化和制定出德育管理规则和德育评价细则，以此来考评学生的德育。

（二）学校德育体制和队伍

总体来讲，是建立以教育主管部门为向导，学校领导为指导，学校班主任为引导，家长和社会为辅导，各科任教师及思想品德教师为中心，学生为重心的这样一个自上而下，层层推进，全面一体化的学校德育体制和队伍。即从宏观层面着手，中观层面携手，微观层面入手，以岗位责任制为基础，合理分工的德育职责体系。

学校德育体制包括学校德育管理体制及学校德育育人体制两个部分，具体内容如下：

1.完善学校德育管理体制

第一，加强组织领导，依法治教，保障德育工作顺利开展。建立实施学校德育工作问责制，对德育工作不落实或落实不到位的学校进行问责，并把其纳入学校绩效考核中。第二，发挥好教育主管部门的向导作用，完善督导评价体制。教育主管部门要全面贯彻党的教育方针，牢固树立"育人为本、德育为先、注重实效"的基本观念。根据本地区的德育实际，制定出一套适合本地区学校实际的德育管理体制，并对各学校的德育工作进行随机监督和评价，以便于及时、客观、全面地掌握学校德育工作动向。同时探索表彰激励机制，对德育工作考核优秀的学校、具有特色德育的学校、优秀德育工作者进行表彰，发挥好德育评价的激励导向作用。第三，建立多方参与，齐抓共建的德育管理体制。它要求各小学在外要主动联系社区、家庭、公安、民政等相关部门协同管理和评价，在内要健全和完善学校德育的领导和管理体制。充分发挥学校领导、教师、少先大队的力量，建立多方参与，齐抓共建的德育管理体制。

2.推进学校德育育人体制建设

第一，学校要围绕素质教育开展德育活动，把学校均衡发展纳入德育评价体系，以协同推进学校的素质教育发展。如2018年，深圳市设立"教育改革卓越奖"，改进评价方式借以推进教育均衡发展，把重心转移到学生的全面发展和教师素养提升上，践行素质教育，培养有创新素养和能力的学生，回应"钱学森之问"。第二，协调处理好德育工作开展与学科教学任务繁重两者的关系。据调查，大多数教师都认为德育工作的开展很有必要，但在实际的教育工作中真正花在德育教育和德育活动上的时间却很少。最根本的问题就在于如何在学科教学任务繁重的情况下抽出更多的时间开展德育教育活动。因此学校必须统筹协调和处理好德育工作开展与学科教学任务繁重两者的关系，做好学校课程和德育活动的整体安排，提高教师对德育课程的思想重视，落实好德育专任教师的问题，为德育教育和活动留下足够的空间和时间。第三，协同推进和统筹建立好学校社会主义核心价值观教育、心理健康教育、法治教育、中华优秀传统文化教育的课程育人机制。社会主义核心价值观为学校德育指明了价值导向；心理健康教育，为学校的学生营造一个健康的心理德育环境；法治教育为学校道德教育弥补了硬性要求的制度空缺；推进中华优秀传统文化教育，既是文化传承又能增强国家认同、民族认同感。学校只有将这四者有机融合，相互渗透，才能产生育人的效果。这也是评价学校育人机制建设的关键点。

3.加强学校德育队伍建议

学校德育队伍主要包括学校领导层、教师及家长。学校德育队伍建设，主要从以下几个方面来体现：

（1）健全完善校长负责制

第一，健全和完善学校领导尤其是校长全面负责德育工作的领导管理体制。因为"一所学校的教育成败，校长是最主要的关键人物"，要实施校长负责制，落实好校长工作考评中德育工作一票否决制。第二，校长要抓好学校德育日常工作管理。校长要全面贯彻教育部及上级教育主管部门的德育政策，主持制订切合本校实际的德育理念和工作计划，定期召开相关部门德育工作领导会议，协调研究、总结布置不同阶段的学校德育工作，并做好德育工作的检查和考评。第三，学校要协调好德育和智育工作的关系，加大对教师的德育工作考评的权重。把德育工作考评成绩与教师的教学考试成绩结合起来并作为期末学校考评教师德育工作绩效的依据。

（2）狠抓教师队伍建设

第一，学校要重视培养和提升小学各科任教师的综合素养。加强师德建设，建立师德师风的责任、激励、培训、考核和惩处的长效机制，使教师提高品德素养和教书育人的能力，更好地成为学生成长路上的引路人。第二，明确各岗位教师的育人职责，实行"一岗双责"，把育人要求和岗位职责统一起来，提高学校德育的工作实效。第三，学校要加强专业教师队伍建设。根据本校的实际情况，从德育行政领导、德育班主任以及科任教师当中推选出思想觉悟高、专业素养强的教师组成专业教师发展团队，探索推行德育导师制，为教师创造德育工作发展的平台，提升教师的德育能力。

（3）形成家校协同共管的局面

孟子曾说，"天下之本在国，国之本在家"。根据儿童早期教育经验，小学阶段是人格和品德形成和发展的重要时期。家长是儿童人生中的第一位导师，家长的意识和行为会对儿童产生间接的影响，所以应特别重视家庭教育。同时"教育改革首先要从家长教育开始"的观点也日趋成为共识。一些学校尝试着把家长融入学校的管理工作体系中去。如河南省周口市文昌中学的"五个一"工程，从学校的日常管理、生活、教学等方面让家长深度参与到学校的教育和管理事务中去，借家长的力量和智慧解决学校的问题。总之，学校德育工作的顺利开展离不开家长的参与和支持，学校要密切联系家长，建立以校讯通为主的班级微信群、QQ群等网络交流平台。同时要完善家长委员会的活动机制，按时召开家长委员会议，定期让家长协同学校做好学生的德育校外实践活动，如家务劳动、社区公益活动等。并通过成立家长学校、家长联盟来帮助家长提高家庭教育水平，形成家校教育合力，让家长通过多种渠道参与到学校的德育工作中来，共促学校德育发展。

（三）学校德育环境与设施

学校德育环境是指学校为形成和发展青少年思想品德，有意识创设的情景，包括物质环境和精神环境。物质环境也可以称作"硬环境"，即看得见、摸得着的具体有形的校园建设，包括学校的设施和建筑、教室的布置、图书馆的设立、校园的绿化等；精神环境可以称作"软环境"，即看不见、摸不着但又会对学生的思想、品德、心理和行为产生影响的无形环境，包括校风校纪、班风班纪、学校舆论、学习氛围、人际关系等。德育环境对学生思想品德的形成和发展都具有重要意义，因此学校要努力构建符合学生道德品质发展要求的学校德育环境典范。主要体现为：

1. 建立好学校的物质文化环境与设施

首先，要对学校环境进行整体的布局和合理的规划，不仅是为学生提供完备的硬件设施，最主要是使学校整体看起来具有和谐、自然的美感，让学生受到美的熏陶；其次，还要充分利用和美化学校教室、走廊、墙壁等地方，让学校的每一个角落都体现出教育性，让物质文化环境渗透着德育思想。

2.营造良好的学校精神环境

由于学生的生理和心理发展不成熟，"学生越小受外部环境的影响就越大，德育要尽量避免让儿童直接受到这些因素的影响，为儿童创设一个良好的社会环境"。第一，学校要把引领社会主流意识的社会主义核心价值观的内容，通过多种渠道、采用多种传播形式，贯穿到校内外的日常宣传、主题队会宣传中，以此来弘扬社会主流价值取向，引领学生树立正确的思想舆论导向。第二，要树立学生的网络责任意识，完善网络环境下的德育工作。第三，以学校为阵地，大力宣传好人好事或学生中的先进典型，评选表彰道德小标兵、小能人，大力弘扬雷锋精神，广泛开展形式多样的学雷锋实践活动。第四，注意引导学生形成正确的学校舆论、班级舆论。"三手抓"，一手抓校风建设，一手抓班风建设，另一手抓教风建设。

3.加强学校法治文化环境的建设

根据教育部司法部全国普法办关于印发《青少年法治教育大纲》的通知（教政法〔2016〕13号）（以下简称为《大纲》），提出小学阶段，要着重普及宪法常识，养成守法意识和行为习惯。因此学校要把法治精神、法治思维和法治方式落实在学校教育、管理和服务的各个环节，建立健全学校章程、制度，完善学生管理、服务以及权利救济制度，并开展形式多样的法治实践活动。同时要充分利用学校图书馆、宣传栏、招贴画、电子滚动屏幕等设施，以名言警句等校园文化为载体，宣传法律知识、法治精神，营造校园法治教育氛围，实现法治文化与环境育人。

4.创设以中华优秀传统文化相结合的校园德育文化环境

中华优秀传统文化积淀着中华民族最优秀的文化精神的精髓，是增强民族认同和文化认同的根基，它蕴含着丰富的德育文化内容。因此学校要以习近平提出的"不忘本来、吸收外来、面向未来"的文化传承思想，开展"少年传承中华传统美德"系列教育活动及经典诵读活动，创设与中国优秀传统文化相结合的校园德育文化环境。

5.注重学校德育的主体环境建设

"正如'环境创造人，人也创造环境'一样，德育环境不可避免地会存在主体环境。"这里的"主体"主要是指教育者和受教育者。德育的主体环境包括生理环境、心理环境及主体内部的道德环境。其中主体内部的道德环境要以生理和心理环境为前提，只有体格健硕，心理健康，达到生理与心理平衡，才能为主体营造出积极向上的内部道德环境。而主体的内部道德环境能赋予主体发挥自我能动性，发展自我认知、自我教育的能力。因此要注重学校德育的主体环境建设。

（四）德育渠道和模式

德育渠道：小学德育渠道，一般来说常见的有德育课（班会、道德与法治）课程育人渠道、实践育人渠道、班主任传播渠道、艺体渠道、阅读渠道、少先队大队活动渠道和新媒体网络传播渠道等。这里主要讲述德育的实践活动、阅读及新媒体网络这三种德育渠道：

1. 德育的实践活动渠道

德育活动的开展不能仅限于德育课程，应从德育课堂内延伸到德育课堂外，从校内延伸到校外，从家庭延伸到社会，直至学生生活的各方面。小学要广泛开展形式多样、趣味性强，能吸引孩子主动参与的社会实践活动，充分体现"德育在行动"。在校内可以开展基于中华优秀传统文化的经典诵读活动，校外可以组织学生广泛参与"学雷锋"等志愿服务和社会公益活动等。这就要求学校要加强德育实践育人基地建设，扩大学生社会实践活动的空间，完善德育实践体系，注重发挥德育实践的育人作用。

2. 德育的阅读渠道

苏霍姆林斯基认为：大量的阅读有利于对学生进行德育和美育。道德兴趣的培养是提高儿童道德认知最现实的途径，它能够使儿童在愉悦的氛围中明白道理、得到启示，获得道德意识水平的提高。而阅读就是能够增强孩子道德兴趣的一种有效方法，它既是生活的基石，又是把孩子与世界联结起来的一座桥。用这样的渠道对学生进行德育，既能避免教育者简单的说教又能避免形式主义的操练。教育者要做的就是点燃孩子的阅读热情，为孩子选取和推荐适合孩子学段德育教育的阅读书目。这里笔者根据清华附小校长、语文特级教师窦桂梅老师推荐给孩子们的阅读书单选取一些较具特色的书目，如：1—2年级推荐《猜猜我有多爱你》（绘本）、《逃家小兔》（绘本）、《红鞋子》等；3—4年级《爱的教育》（亚米契斯）、《活了100万次的猫》（中文绘本）、《夏洛的网》（怀特）；5—6年级推荐《失落的一角》（绘本）、《苏菲的世界》、《草房子》（曹文轩）等，可以看出这些书的内容是按照儿童认知发展水平由浅到深来排列的，在实际中教育者还应注意教给学生阅读方法。同时学校还应开展"读书活动"，来激发孩子的阅读热情，把书中的教育内容潜移默化的内化为学生的品德。

3. 新媒体网络传播渠道

在现今的新媒体时代，传统的德育渠道已不能满足学校德育发展的新需要，要借助于网络来丰富德育的渠道。学校可以通过搭建校园网络平台，向学生宣传正面信息，引领学生的主流价值观，为学生思想道德的发展做好导航。网络平台是为学生打开一扇通向社会和世界之窗的有效路径，对培养学生形成正确的世界观具有重要意义。这种德育渠道还可以增强与家长的交流互动，是实现家长协同学校共同管理学校事务的有效途径，有利于形成家校合力，提高德育的时效性。

德育模式：德育模式是在一定的教育理念下，对德育过程及组织方式、操作手段、评价机制做出简要的特征鲜明的表述。从地域上来分，可分为国外主要德育模式和当前我国德育主要模式。国外学校的主要德育模式包括：道德认知发展模式、体谅关心模式、社会学习模式、价值澄清模式及社会行动模式；当前我国学校的主要德育模式包括：生活型德育模式、"学会关心"德育模式、欣赏型德育模式、对话性德育模式、活动性德育模式、主体性德育模式、体验性德育模式及生命德育模式。每一种德育模式都有其特定的含义、特征、内容、方法及其各自的优缺点。

整个德育模式的变化和发展都离不开特定的社会外部环境的发展和变化。随着新媒体时代的到来，它将以开放和互动性的特征，打破学校德育的时间和空间概念，把环境对学生的影响扩展到了教育者难以触摸到的网络虚拟空间。在此意义上，"全员育人""全程育人"与"全方位育人"的"三全育人"道德模式，较具有现代意义，较适合现今德育发展的新趋势。

"三全育人"德育模式："三全育人"并非一个崭新的理念，早在20世纪80年代就已经产生，它是属于我国特有的一种德育模式。在2014年教育部《关于全面深化课程改革落实立德树人根本任务的意见》（教基二〔2014〕4号）中提出要整合利用各种资源，统筹协调各方力量，实现全员育人、全程育人、全方位育人。时至今日"三全育人"的德育模式仍然具有独特、鲜明的时代意义，并随着时代发展其意义更加深远。该德育模式强调以育人为核心，调动一切可调动的人员，充分挖掘有利于德育的资源，发挥各种教育因素的作用，拓宽一切渠道，增强德育合力。它的提出是立足于我国当前特定的社会背景中德育实效性不足这个现实层面的。

"全员育人"主要是凝聚各方面的主体力量，包括学校全体教职工、学生家长及其他相关的社会成员，都要承担起德育育人的责任，共同协作，形成全员育人的格局。

"全程育人"包括两层含义：一是"全过程德育"，主要是在进行德育的过程中，按照学生道德发展的规律，把德育的影响从小学低段一直延伸到小学高段，并渗透到学生道德发展的整个过程中，以此来打破德育时间上的限制；二是"全课程德育"，也就"全科育人"。它打破了单纯把小学品德学科作为德育主课程的模式，把德育的内容有机融入小学阶段的各个学科当中去，形成学科育人合力，发挥学科育人的功效。

"全方位育人"主要是从德育育人的空间上来说的，主要包括管理育人、实践育人、网络育人、文化育人。管理育人要求在课内、校内的管理过程中，都要体现出德育的内容；实践育人结合了课外和校外具有德育意义的实践活动，丰富儿童的道德情感体验；网络育人突破了传统德育以课堂和校园为主阵地的空间限制，把德育内容通过开设德育网络论坛、德育微信公众平台、微博等方式把社会主流价值观延伸到学生隐性的虚拟空间，力图做到把德育渗透到学生生活的各个方面；文化育人通过深入学习和传承中华传统文化，包括儒家、道家、佛家等哲学思想，经典文学作品以及传统节庆和礼仪规范，培养学生对优秀传统文化的认同和尊重。整体上来说"全方位育人"还要综合考虑影响小学生品德发展的各方面因素。

（五）德育效绩和调控

德育效绩：简单来说就是指德育的效果转化为可以量化考核的成绩。德育效绩对学校的德育工作主要是起着激励导向的作用。学校要根据自己学校的实际情况，制定出具有本校特色的科学、系统的德育评价方案，并根据德育评价方案的评价细则，对教师和学生进行评价。并把评价的结果及时反馈给教师和学生，便于他们更有针对性的进行改进和调节。

"调控"可以理解为调整，控制之意。前面已经论述过，虽然现在德育的方法多样化，评价主体亦趋于多元化，但总体来说德育实效性不强。这是因为在德育发展、生成的过程中，由于受生理与心理、主观与客观、德育体系内部与外部等因素的影响，从而导致与德育预定生成目标相偏离的情况，影响德育效绩。这就需要及时对其进行监控、调节，发现问题，纠偏救失，确保德育的发展和生成朝着既定的目标进行。而调控的依据主要依靠德育评价，根据评价的结果提供及时、有效的信息反馈，再根据反馈信息对德育活动进行矫正、调节和改进，从而提高德育效绩。

因此一个科学、系统、全面、易操作且行之有效的德育评价体系是支撑和保证德育效绩和调控达到最佳平衡状态的支点。这一评价体系建立好后，就可根据本学校德育评价的结果折射出学校德育工作存在的问题，再根据反馈信息并结合不同学校的情况进行德育调控，制定出适合本校德育管理和发展的方案与对策，提升德育效绩，这也是德育评价的一个重要功能。

二、小学班级德育评价内容

（一）班级德育目标及实施计划

班级德育目标：班级德育目标首先要符合学校统一领导、要求和安排的学校德育目标，同时又要针对本班实际情况来确定更有针对性的德育目标。建立健全班级的管理机制和规范体系，形成班级教育合力。组织培养班集体，做好个别学生的转化工作，使班级德育管理落到实处并取得有效性。对班级德育目标的评价首先就在于班级有没有一个切实可行的班级德育目标。

实施计划主要包括六个方面：一是班级德育指导思想。目标要在正确思想的引领下才能确保其方向的正确性。二是班级现状分析。根据对班级的现状进行全面的分析，后续的德育才更有针对性。三是班级德育的工作重点。根据前面的班级现状分析，结合班级具体情况来确定班级德育工作重点。四是班级德育工作的主要内容。它是对前面德育工作重点的细化。五是班级德育的主要措施。即通过何种方法才能更好地完成班级的德育工作，措施要有针对性和实效性。六是德育工作的具体安排。它是建立在前面工作开展的基础上，确保德育工作落到实处，落到点上的重要体现。

（二）班级德育工作开展的具体情况

1.班级日常管理

班级日常管理与学生的学习、生活及开展的各项活动紧密联系，如两操情况、安全排查情况、饮食卫生情况等。需要教师对学生进行不断的引导和激励，同时，对学生在班级的日常行为表现给予及时有效的评价也是班级德育日常管理的一项任务。

2.班集体的组织建设情况

班集体的建设一般要经历三个阶段：第一阶段是组织的初始阶段，主要体现在小学低段。此阶段班主任承担着主要的指导和领导作用。第二阶段是组织的初步形成阶段，主要体现在小学中段。这阶段中，班级设立的体制基本能够有效运作。第三阶段是组织的巩固发展阶段，一般体现在小学高段。这阶段班级的规范已内化为学生的行为规范，形成了特有的班级氛围，班级有很强的凝聚力。根据班集体在各阶段表现出的特性可以评价出班集体所处的建设阶段。

3.班级活动组织与开展的情况

要结合本校活动要求开展具体的德育活动。如学校发给每个班级的每月德育工作要点及工作计划，每个班要按照上面的要求来完成学校的德育活动。比如，要有计划、有组织地开展好每周的主题班队会，并做好相应的记录和反思来积累经验，提高主题班会的效果。认真组织好学生参加学校的各种有益的文体活动，如学校运动会、艺术节、科技节、合唱比赛等等。

4.个别教育的情况

个别教育主要是关注学生个体的差异性，根据每个学生的实际情况，采用适当的教育方法对学生进行指导和教育，以此提高学生的认知，促进学生的发展。这里的个别教育特别要注意的是对后进生的教育。教师要在有爱心、耐心、责任心的基础上，结合学生实际，创新教育方式以取得更好的教育效果。

（三）班级德育实施方式

班级德育实施的方式应遵循以下三个原则：一是多样性。面对一群活泼的学生，如果德育方式单一会让学生感觉枯燥乏味，失去继续活动下去的兴趣。因此德育实施的方式应该具有多样性。二是主体性。在以人为本的德育理念下，学生才是德育活动的主体，在德育实施的过程中应突出学生的主体性，让学生充分参与到德育活动中去，享受德育的过程。三是发展性。德育的目标指向于学生的品德发展，因此在班级德育实施的方式选择上要能立足于学生的后续发展。

班级德育实施的方式：一是通过各学科教育，把德育的内容渗透到各学科的教育教学活动中去。二是开展校级、班级教育及各种形式多样的教育活动。如目前开展的微班队主题教育活动课，它以微课的形式来记录班队活动，以便教师能有效及时地得到信息反馈，不断提高班队会的效果。三是开展少先队教育活动。少先队组织是优秀的儿童团体，学校在德育工作中应充分发挥其特有的团结力、号召力，多开展少先队教育活动，如带领队员参加"红色传统学习实践活动"，引导队员从小树远大理想，培养团队意识，在团结互助的集体中成长。

（四）班级德育环境和整体风貌

环境对人的影响古往今来都有不少论述，笔者这里就不再赘述。班级的德育环境对德育效果的影响是不可忽视的。试想如果在一个充满教师"霸权"主义，班级氛围过度严肃紧张的环境下去培养孩子要有积极阳光的性格，要敢于质疑相信自己，要有创造力，肯定是不切实际的。笔者认为班级德育环境里，首先要建立的是良好的人际关系环境，包括老师与学生之间、学生与学生之间的关系。在师生关系里要让"信任"取代"恐惧"，要让美国艾斯奎斯老师的"56号教室的奇迹"也能发生在我们的班级里。第二是营造和谐、民主、积极的班级团队氛围。这样的班级德育环境才能有一种隐形的促进学生向上的力量。第三是营造人文环境。在班级内可以利用黑板、墙面作为人文环境建设的载体。如师生一起办好主题板报、荣誉墙、文化长廊、绿色读书角等，让班级内外的每一个角落和墙面都会"说话"，都具有教育意义。第四是班级要"三化"，即美化、净化、绿化。在优美的环境中更容易陶冶孩子的情操。第五是创设各种实践活动。以体现团队精神、责任意识和创新精神的活动为主，用体验式的德育模式来促进学生的道德发展。如开展小组合作绘画比赛、义务劳动周及"创客空间"活动。

（五）德育效果

班级德育效果的评价是对班级一段时间或一个学期的德育工作所取得成效的评价。班级德育工作的德育效果可根据以下几点来评定：

1. 对班级完成学校德育目标情况的评价

班级的德育目标应按照学校的德育标准来衡量是否达到，这样便于对比和考核德育工作有无落到班级的日常管理中去。

2. 经过德育教育后，学生的思想意识较原来有无进步，行为上有无朝着更好的方向发展

德育评价的根本目的就在于促进学生的品德发展。要鉴定学生的品德是否发展或发展到什么程度，就得借助于德育评价这一测评工具。通过测评让学生提高自我意识，正确地认识自己。

3. 班级在各项德育实践活动中的表现情况

德育实践活动对于提高学生的实践能力和创新能力都具有重大意义。因此，对班级各项实践活动进行客观、公正、全面的评价，有利于德育实践活动的顺利开展，有利于提高教育者和学生的积极性，有利于学生的实践和创新能力的培养。

4. 德育结果处理

德育评价除了有督促、评估的作用外，它还有一个重要的功能，那就是调控功能。它能将德育评价的信息反馈给德育者，德育者再根据这些信息分析出实际德育工作中存在的问题，并指导后续的德育工作。

三、小学德育评价内容

（一）小学德育评价的目的

"立德树人"的根本出发点和落脚点是为促进学生品德的发展，这也是小学德育评价工作的核心。因为，德育工作的效果或结果最终要通过学生的个体品德来体现。它不同于小学德育评价体系中的其他评价对象，小学生个体的品德评价属于个体精神领域中具有个

体品质价值意义的评价，它不仅是运用评价手段探索客观事实的过程，它本身也是对学生进行德育教育的过程。因此在评价的过程中，要将定性与定量、动态与静态、评价结果与教育发展相结合，对学生进行全面的评价。

（二）小学德育评价的内容

小学德育评价的内容要遵循小学学生道德发展的规律和小学各阶段学生的年龄特征，使品德评价内容的深度和广度与学生品德发展的"最近发展区"相符合，尽量贴近学生的实际德育水平，这样才能进一步保证学生品德评价的客观性和准确性。据此可以把学生个体品德评价指标体系细化为以下内容：

1.道德品质

主要指向于学生的道德认知和道德行为。科尔伯格认为儿童道德成熟的过程就是道德认识发展的过程。对个体而言，道德认识越全面、越深刻，就越能指导其作出明确的道德判断，表现出正确的道德行为。同时道德行为还应包括学生的道德实践活动。对学生道德品质的评价要把道德认知和道德行为结合起来，做到"知行统一"。

2.公民素养

首先是公民意识：要有环保意识、集体意识、初步的规则意识、基本的法治意识和一定的社会意识；其次是公民态度：能关心他人，积极参与环保活动、公益活动及法治活动，能对自己的行为负责；再次是公民的行为：能够遵守学校的规章制度及《小学生日常行为规范》规定的内容，遵守公共秩序，在公共场合能自觉排队坐车、就餐，不大声喧哗，爱护公共设施和公共环境卫生。

3.心理健康

2012 年教育部关于印发《中小学心理健康教育指导纲要（2012 年修订）》的通知（教基一〔2012〕15 号）要求将学校心理健康教育开展情况纳入教育督导评估体系。心理健康的标准在小学低段表现为：学生能适应新环境、新集体和新的学习生活；能与老师和同学友好交往，有安全感和归属感；初步学会自我控制不良情绪，自我认知；有集体主义的意识和初步的角色意识。小学高段表现为：能正确认识自己、悦纳自己；培养学习兴趣和爱好；正确对待成绩；恰当的异性交往；逐步认识自己与世界、国家和社会的联系。

4.对学生法治素养的评价

小学阶段的法治素养主要从法治意识和法治实践两个维度进行评价。首先是法治意识。根据《青少年法治大纲》的要求，小学低段学生应有初步的建立规则意识、公平意识、家庭法律关系意识、消防安全意识，认知国家象征及标志，有初步的国家、国籍、公民的概念。小学高段学生应对宪法、国家的机构、制度、主权和领土有初步认知，有民族团结的意识，对公民的权利和义务关系有初步了解，有对校园欺凌行为的认知和防范意识，具备一些与自身生活密切相关的法律法规知识。其次是法治实践。小学低段主要表现在爱护动植物，为节约资源、保护环境做力所能及的事，遵守交通规则，安全过马路，遵守校园公共秩序等；小学高段主要包括团结同学，尊重少数民族同学的生活习惯，不欺凌同学，诚实守信，能用法律知识在自己日常生活中进行简单维权。

5.课内外表现

课内外表现包括在课堂内的学习情感、学习能力、学习表现三个方面。学习情感：包括学习的态度端正，能主动学习，有好奇心和求知欲，有丰富的想象力和创造力；学习能力主要体现在：能与人合作交流、团结互助、善于发现问题，解决问题；学习表现主要体现为：在课堂上能主动学习，积极思考，课上认真听讲，课外能认真完成作业，并积极参与到校内、校外的实践活动中。

6.对学生劳动素养的评价

2022年版《义务教育劳动课程标准》中明确指出：注重评价内容多维、评价方法多样、评价主体多元。既要关注劳动知识技能，更要关注劳动观念、劳动习惯和品质、劳动精神；既要关注劳动成果，更要关注劳动过程表现。重视平时表现评价与学段综合评价结合，定性评价与定量评价结合。以教师评价为主，鼓励学生、其他学科教师、家长等参与到评价中。

学生劳动素养的评价包括劳动意识、劳动态度、劳动行为三个方面。首先是劳动意识。学生要树立正确的劳动观念，以勤为荣，懒惰为耻。其次是劳动态度。对劳动抱有一种热爱，而不是排斥、回避的态度。再次是劳动行为。要积极参与到各种劳动中去，包括打扫学校卫生、家务劳动等，同时珍惜劳动成果，不浪费粮食。

7.对学生网络素养进行评价

在信息化时代，网络无疑已成为我们学习和生活的重要组成部分。无论是查找学习资料、交流信息还是娱乐消遣，网络都为我们提供了无限的可能性。然而，网络的双刃剑效应也不容忽视。对学生群体来说，网络的广泛使用不仅极大地丰富了他们的学习资源，也为他们的社交活动提供了新的渠道。然而，过度依赖网络、沉迷于虚拟世界和接触不良信息则是网络给学生带来的负面影响。

为了确保学生能够在信息化时代健康、文明地利用网络，评价、督促和引导他们的上网习惯变得至关重要。首先，学校和家庭需要共同建立一个评价机制，以监控学生的网络使用情况，判别其是否合理和健康。其次，督促措施是必要的，包括限制上网时间，教育学生分辨网络信息的真实性，以及培养他们自律的能力。最后，引导工作同样重要。这包括指导学生如何有效地使用网络资源进行学习，教育他们理解和尊重网络礼仪，以及培养他们在网络环境中维护自己和他人权益的意识。

此外，政府、学校和社会团体也应该共同努力，通过开展网络安全和素质教育，增强学生的网络安全意识和责任感。网络作为一个强大的工具，其使用方式将直接影响到学生的成长和发展。因此，我们需要通过多种途径，包括教育、监管和引导，来确保学生在这个信息化时代能够充分而健康地利用网络资源。

（三）小学德育评价的原则和方法

1.小学德育评价的原则

（1）遵循知行统一的原则

学生的品德行为与学生的品德认知是密切相关的，同时学生的品德认知最终要通过品德行为来体现，二者是相辅相成，缺一不可的关系。在评价的过程中，要把二者统一结合起来达到"知行合一"。这样才能避免出现学生双重道德标准的情况，保证学生言行一致，引导学生把获得的道德观点和政治思想信念转化为实实在在的行为。

（2）遵循发展性原则

我们正处在一个不断变化发展的多元时代，现代德育的内容和方法也在不断变化发展。因此对学生品德的评价也在发展和完善中，且学生本身就处在一个不断变化和发展的过程中，所以评价也应指向于学生个体品德的发展。

（3）遵循全面、多元和形式多样的原则

学生的品德是一个复杂而多面的概念，包括诚实、责任、尊重、公正、同情等众多品质。这些品质以多种方式、多种形态和多种类型展现出来，在学习、生活、交往和公民责任等多个领域体现。因此，评价学生的品德不能仅仅依靠单一的标准或方法，而需要一个全面、多方位和多角度的评价体系。

首先，评价应包括对学生日常行为的观察。在课堂上，学生是否尊敬老师和同学、是否勤奋学习、是否遵守纪律等，是评价品德的重要依据。在课外活动和生活中，学生是否愿意帮助他人、是否诚实守信、是否有公民责任感等，是评价的重要内容。

其次，通过与学生的交流和沟通来评价其品德也很重要。通过与学生的对话，可以了解他们的想法和感受，进而判断他们的价值观、道德标准和责任感。

再次，同伴评价和自我评价也是重要的一环。同学们通常能够更加直接地观察到一个人在日常生活中的行为和态度，而自我评价则可以帮助学生反思自己的行为和价值观，提高自我认知。

另外，评价学生品德时，也需要关注他们在社区和社会中的表现。学生是否积极参与社区服务，是否关心社会问题，是否愿意为公益事业作出贡献，这些都是评价学生品德的重要方面。

2.小学德育评价的方法

（1）从品德评价的形式上来分，可分为书面评价和口头评价

书面评价可通过教师操行评语或品德量化打分的形式来进行，与口头评价相比相对正式；口头评价相对随意一些，但能及时对学生的表现作出评价，操作简单，可行性强。

（2）以品德评价的手段来分，可分为定性评价和定量评价

定性评价指用非实验的方法对客观检测资料和主观描述性资料进行的评价；定量评价指用实验的方法对客观量化资料和统计分析方法进行的一种评价方式。目前学校采用得最多的方式就是以定量为主的等第评定评价法和定性为主的操行评语评价法。两者各有优缺

点。定量的方法虽然能用确切数值的方式来对学生的品德进行描述，并作出精确的判断，但由于影响品德发展的因素太多，如不能很好把握的话，就会造成评价数据的无效，且在实施过程中对教师的素质要求较高。用定性的方法对品德进行评价有利于关注到每一个学生原有的发展水平，评价尺度较为有弹性，但它的缺陷是很难反映出学生间的量化差异，具有一定的模糊性和主观片面性。因此通常要将定性与定量结合起来评价。

（3）以品德评价的主体分，可以分为他评和自评

他评主要是指通过第三方他人、集体对学生的品德进行评价；自评主要是学生通过道德自我认知、道德反思，对自己的品德进行自我评价的一种形式。

（4）以品德评价的过程分，可分为形成性评价和总结性评价

形成性评价是对学生个体品德在形成和发展过程中所表现出来的态度、情感、能力等方面给予及时性评价的一种方法；总结性评价是在一个阶段后对学生个体品德进行全面、总结性的评价。前者注重过程，后者注重结果，在评价时也应把二者结合起来，并侧重于形成性评价。

四、德育课堂评价内容

（一）德育课堂内的评价

德育课堂内评价的目的，总的来说是对德育课堂进行鉴别、反馈、指导、激励及促进，找到德育预设课堂与德育生成课堂之间的差异，为进一步提升德育课堂的有效性起参考和改进作用。具体来说体现在以下几个方面：

（1）为促进学生的品德发展

在德育课堂内，把学生的品德发展作为德育课堂的出发点和落脚点。对学生所形成的学习习惯、解决问题的方法、情感与态度的体验、创新和实践能力的体现做出及时、明确的评价，有利于促进学生品德的发展。

（2）为提升小学德育课教师的专业素养

小学德育课教师专业水平的高低直接影响到德育的效果。但实际情况是多数小学特别是边远地区的小学，严重缺乏品德专任教师。以盐边县城第一小学为例，小学低段至高段的品德课都由语文教师兼任，这种兼任的结果会导致对小学品德课的课程标准、教学理念、教学内容、教学方法把握不到位甚至错位的现象。通过德育课堂内评价所起的导向作用及评价反馈的信息，可以给教师一个准确的目标定位，让其对德育课堂内容进行有针对性的调整，以此来促进小学德育教师的专业成长，并帮助他们构建有效德育课堂。

（3）为提高德育课堂内课程育人的效果

德育不应只在德育课程中，要散布在所有课程中。2022年教育部发布的《关于进一步加强新时代中小学思政课建设的意见》中明确指出："要构建大思政课体系，充分发挥道德与法治课主阵地作用，深入挖掘语文、历史和其他学科蕴含的思政资源，强化体育、美育、劳动教育的德育功能，准确把握各门学科育人目标，将思政课程中的内容有机融入

各类课程教学，深入实施跨学科综合育人。要结合地方自然地理特点、民族特色、传统文化以及重大历史事件、历史名人等，因地制宜开发富有教育意义的地方和校本思政课程。"要创新德育工作途径，扎实推进全员、全过程、全方位育人。认真开展"学习新思想做好接班人""从小学党史永远跟党走""学雷锋学模范""开学第一课"等主题教育活动，促使学生牢记教导、崇尚英雄、争做先锋；要充分利用重大节庆日、重要纪念日等开展主题鲜明、内容丰富、形式多样、感染力强的教育活动，加强升旗、入团、入队等仪式教育，不断创新德育活动载体。健全学校、家庭、社会育人机制，引导家长弘扬中华传统美德，重视学生品德教育和良好习惯养成，培养亲密和谐的亲子关系；统筹利用社会资源，强化实践育人；深入开展学生心理健康教育，培养学生健全人格和积极向上的心理品质。

总之，此评价的出发点不在于对儿童品德水平及教师的德育水平作出终结性的评价，而在于利用评价结果，结合儿童和教师现有的水平状况，引导和鼓励其向着更好更高的德育方向发展。所以，应把教师、课程、学生放在一个发展的、动态的三维立体的德育模式中去评价，并注重过程性评价。

（二）德育课堂内评价的内容

德育课堂内的评价内容主要围绕德育课堂内的课程、教师和学生设立三维评价标准。具体分为德育课程在德育课堂中运用情况的评价、对品德课堂内以教师为主导的教学质量的评价、对学生课堂内表现的评价及德育课堂的效度评价。

1. 小学德育课程在德育课堂中运用情况的评价

在评价小学德育课程在德育课堂中的运用情况时，可以从以下几个方面进行分析：

（1）深刻理解德育课程的性质和特征

德育课程的性质和特征是课程质量的关键保障。学校应该在德育课程实施过程中充分理解德育的本质，将其与知识传授课程区分开来，强调德育课程的培养性、情感性和实践性特点。只有理解课程的本质，才能更好地引导学生的品德发展。

（2）准确把握课程的目标

德育课程的目标应该以促进儿童品德发展为中心，从培养学生正确的价值观、道德情感和积极的行为习惯出发，使其能够在成长过程中形成积极向上的人格。学校应坚持这一目标，确保德育课程的实施不偏离正轨。

（3）创新德育课堂模式

传统的德育课堂往往偏向道德灌输，缺乏对学生实际体验和精神成长的关注。现代的德育课程应该创新课堂模式，注重培养学生的实践和创新能力，引导学生在体验中成长，从而达到更好的育人效果。

（4）开展学科德育精品课程

为了在课程中更好地融入德育内容，学校可以推动各科教师开展"学科德育精品课程"。通过将积极情感、正确态度和价值观融入各个学科的教学过程中，可以更有效地培养学生的综合素质。

（5）开发地方课程和学校课程

学校应该根据本地区的实际情况和学生的心理发展状况，开发具有德育价值和地方特色的课程资源。这些课程可以更好地引导学生认识家乡文化、社会特点，增强他们的地方归属感和责任感。

小学德育课程在德育课堂中的运用情况需要从深刻理解德育课程的性质和特征、准确把握课程的目标、创新德育课堂模式、开展学科德育精品课程以及开发地方课程和学校课程等方面进行评价。只有在全面把握这些方面的情况下，才能更好地实现小学德育课程的育人目标。

2. 对品德课堂内以教师为主导的教学质量的评价

对品德课堂内以教师为主导的教学质量的评价，主要体现在以下方面：

首先是教学目标的适切性。教师在制定教学目标时应符合国家教育方针的德育目标指向，符合小学道德与法治的课程标准要求，符合教材、教学大纲、教学计划的指导，符合本校德育实际和学生的实际情况，符合时代性。注重各学科之间的联系，在理解品德教材编写意图的基础上科学合理的运用教材，制定教学目标。由于小学品德课的主要目的是为促进儿童品德的发展，注重儿童内在道德情感体验和生活实践，因此教师在制定小学品德课的教学目标时要使目标倒挂，把情感态度与价值观目标放在首位。其中应注意在编写新教材《道德与法治》教学目标时，需结合《青少年法治教育大纲》中小学教育分段目标来编写。

其次是德育课堂中教学内容的呈现。主要包括两个方面的内容：第一，德育课堂教学内容要符合分层教学目标，教学内容组织有序，教学各环节衔接自然合理，教学重、难点把握到位。第二，德育教学活动开展应具有有效性。小学品德课的内容大多以讨论、探究、体验、实践等活动方式呈现，因此德育课堂教学活动应突出这一特点。一方面，教师要是儿童活动的指导者、支持者和合作者，课堂教学应突出教师的指导地位；另一方面，活动的设计要以儿童的生活为基点，立足于儿童的实际，联系地域差异、学校差异、班级差异和个体差异，面向全体儿童的全部生活，建构"生本课堂"。第三要注重学生的真实参与，关注学生已有的经验。美国教育心理学家奥苏伯尔曾说："如果把教育心理学的全部内容归结为一句话，那就是教师要知道学生的经验是什么，没有这个一切教育都是无效的。"因此，教师在课堂教学活动前应通过自己对学生的观察、访谈等形式，了解学生现有的、真实的情感体验和道德认知水平，找准学生已有知识与未知经验的联系。同时关注不同层次学生特别是"后进生"的需求，善于捕捉德育课堂内的有效信息，并对其进行挖掘利用以开展教学，这些有利于提高教学活动的有效性。

3. 对学生课堂内表现的评价

新课程改革要求教师要关注学生的全面发展，注重对学生的过程性评价。教师对儿童的道德行为予以及时准确的评价与反馈，会巩固儿童的道德行为。小学品德课堂是一个以活动为主要形式的动态课堂，儿童在此过程中获得的情感体验、良好行为习惯、学习方法、创新和实践能力等，如得不到及时有效的评价将会直接影响德育课堂教学的实效性，因此评价应与教学过程有机结合。在评价过程中应注意：第一，评价的语言要准确到位，具有指导性。评价语言不能太过模糊、单调机械、盲目错位。如教师用"你真棒！"和"你回答问题的声音真洪亮，你真棒！"两句不同的话去评价学生，显然前一句评价较模糊，学生不知道自己棒在哪里；后一句评价准确到位，为学生指明了方向。第二，评价的角度要广。教师在评价的过程中要站在对学生整体认识的高度，多角度、全面地评价学生。第三，评价方法多样化。学生品德形成中的情感体验、态度变化、实践创新能力等难以量化，不能过于注重纸笔测验，要把定性与定量相结合，创新各种适合学生实际的评价方式。如成立学校"道德银行"，把学生日常做的好人好事随时记录在道德银行的个人存储存折上，用这种评价方式来培养和激励学生形成良好的品德。第四，评价主体多元化。在德育课堂内，除了教师评价外，还应把学生的主体性体现出来，评价主体多元化，运用教师评价、学生自评、学生互评等多种评价方式。

4.德育课堂的效度评价

第一，教师教学方法的选择，要根据小学品德课的特点，符合课堂教学内容的要求，遵循小学生心理发展规律和道德发展规律，考虑到学生的个体差异。在深入了解本班学生的实际情况后，以学生的现实生活为基础，采用学生喜闻乐见的教学方式为学生创设良好的品德课堂环境，为培养儿童良好的道德行为做铺垫。同时创新教育内容方式，深入掌握小学不同阶段学生必须具备的有关品德的基本知识和能力，形成学生在品德课内特有的核心素养，深化教育改革，提高教学水平。第二，教师课堂内容的设计要合理，优化课堂教学结构，突显教师为主导、学生为主体，发展学生品德为主线的教学结构。以云南师范大学附属丘北中学为例，该校小学低年级采用了新颖的教学形式，用课堂情景、活动式教学替代教材。活动根据小学教材改编，融合合作、探究、互助、分享等德育因素在其中，充分遵循了西方教学中提倡的小学阶段以启发学生智力，培养学生兴趣与品德的基本教学理念。第三，要考虑到教师素养和课堂氛围的因素。教师素养和课堂氛围也是影响德育课堂效果的因素。

（三）德育课堂内评价的方法

1.德育课堂内的评价应符合小学品德课程标准的要求

当在小学德育课堂内对德育课程的运用情况进行评价时，需要考虑符合小学品德课程标准的要求。以下是评价的几个方面，以及如何使其符合品德课程标准的要求：

（1）深刻理解德育课程性质和特征

评价时要关注学校是否深刻理解德育课程的性质和特征，即课程的培养性、情感性和实践性。确保课程设计和教学方法能够充分体现这些特点，使学生在情感、道德和实践层面得到全面培养。

（2）目标准确把握

评价中要看学校是否准确把握了品德课程的目标，即促进儿童品德发展。评估课程的目标是否能够培养学生正确的价值观、道德情感和积极的行为习惯，使其成为道德品质全面发展的个体。

（3）创新教学模式

评价时要关注学校是否在德育课堂中创新教学模式。评估是否有足够的互动、合作和实践环节，以及是否注重培养学生的创新能力和实际体验，使德育课程更具活力和实效。

（4）学科融合

评价中可以关注学校是否鼓励学科教师在自己的学科中融入德育内容，以实现学科德育的融合。检查课程是否能够在知识传授的同时，将情感态度与价值观融入其中，促使学生形成全面的德育素质。

（5）地方特色

评价时可以考察学校是否充分利用地方特色，开发具有德育价值的地方课程资源。检查这些课程是否有助于培养学生对家乡文化、社会特点的认知，以及是否增强了学生的地方归属感和责任感。

评价小学德育课堂内的运用情况需要与小学品德课程标准相结合。评价时应该关注性质和特征的体现、目标的准确把握、创新教学模式、学科融合以及地方特色的运用，确保德育课程在符合品德课程标准的同时，能够有效地培养学生的品德素质和促进学生的全面发展。

2.德育课堂内的评价方式与方法

首先，德育课堂内的评价方式主要有"自评"和"他评"两种形式。"他评"较为科学、全面、准确和客观。"自评"有利于发展自我认知的能力。根据新课程改革及小学品德课程标准的要求，教师应引导学生学会自评的方法，突显学生的主体性，提高学生的自我认知能力，把评价反馈的结果作为学生认识和改变自己行为习惯的内在驱动力，以此来促进学生品德的自我发展。其次，德育课堂内的评价方法主要有实证性的评价方法和人文性的评价方法。实证性的评价方法有准确性高、实效性强，广泛的适应性等优点，但局限性是重结果轻过程；人文性的评价方法优点是重视过程评价，方法灵活且针对性强，但实效性低，主观性较强。因此应将实证性方法与人文性方法有机结合起来，提高课堂教学评价的实效性。再次，课堂内，教师要关注对学生的道德智慧发展的评价，正如易连云在《面向学校德育的言说》中强调：要教给学生道德上的智慧，这正是我们今天学校所缺乏的，同时也是最需要的。德育课堂内的评价应侧重于对学生道德智慧的评价。选择能发展学生道德智慧的评价方法，如无领导小组讨论法，它与我们现在新课程改革课堂中倡导的小组合作探讨模式最相近，是最能够提高课堂评价实效性的方法之一。我们可以利用和借鉴其测评方法中对我们有益的部分，采用情景模拟的方式对学生进行集体测评。教师在这一过程中可以通过观察分析评价出学生的团结合作、互帮互助、谦虚友善等精神及组织协调、口头表达、辩论和说服等能力，特别是其中的辩论和说服能力的培养，能促进学生的逻辑思维发展，从而弥补了中国"通识教育"中缺乏逻辑、理性思维的漏洞，发展学生的道德智慧。除此外，本测评方法还能从综合评定中发现不同学生之间的差别性，突出学生的主体性，以便教育工作者有针对性地对不同个体进行差异化的德育教育和指导。但这一方法也有不足之处，如对德育测评的要求较高，德育教师还应该接受专门的培训；不同程度存在德育评价者主观意见的影响（如偏见和误解）等。

（四）德育课堂外的评价

1. 德育课堂外评价的目的

第一，为巩固儿童道德行为。对儿童在课堂外日常道德行为的表现予以及时评价和反馈，可以使儿童进一步明辨是非，掌握行为准则，纠正不良行为，巩固儿童良好的道德行为，促使儿童获得新的道德品质。第二，为完善实践育人。德育课堂内的教学是实施德育教育的主要途径，但德育是要见诸行动的教育，单一的课堂教学无法实现最终的培养目的，需要将课堂教学与课外德育实践活动相结合，拓宽教育渠道，完善课堂外的实践育人。第三，促进儿童实践能力和创新能力的发展。21世纪学生的核心素养里就包括了学生的实践能力和创新能力，儿童的课外实践打破了以往单调的课内生活的樊篱，注重学生实践和创新能力的发展。第四，促进学生知、行的内在统一。德育课堂外的评价主要指向于德育工作者对儿童课堂外的行为表现的观察，并据此作出公正、客观、合理、及时、有效的评价。如果说前面德育课堂内的评价主要是指向于德育课程实施的效果及学生道德认知的评价机制，那德育课堂外的评价就直接指向于学生道德行为的评价机制。道德行为是评价学生道德发展水平的一个重要指标，德育工作者可根据这一评价信息及时调整德育方式，引导学生从课内走向课外，从学校走向社会，把学生课堂内的"知"与实践活动的"行"结合起来，促进学生道德的知行统一。

2. 德育课堂外的评价内容

德育课堂外的评价内容主要体现在对德育实践活动的评价，主要包括以下四个方面：

（1）德育课外的实践活动情况的评价

首先，德育课外的实践活动要把学生的安全和社会效益放在首位。要在充分保障学生安全的前提下进行实践活动，并注重实践活动的社会效益，这两方面的内容是德育课外实践活动开展的首要条件。其次，实践活动应具有德育意义，有利于儿童内在品德的发展，这是德育实践活动开展的基本前提。如为传承中华优秀传统文化的"经典诵读"活动，为落实法制教育而开展的"法律进校园"活动等。加强小学劳动教育，实践活动还可以是种植和养殖等。再次，实践活动的内容既要鲜活又要根据小学德育目标、德育内容的要求，符合学生发展需要，遵循儿童心理发展规律和学生的实际情况分层设计并实施。如小学低段的儿童重在参与和自身生活紧密联系的生活性较强的生活实践活动；小学高段的学生除了要面向自身生活外，还要注重学生认识社会、参与社会的实践活动。最后，实践活动的形式要多样新颖，体现生动性、趣味性，动手动脑，丰富情感体验。道德兴趣能促使儿童在轻松愉悦的道德环境中，获得丰富的道德体验，明白道理，得到启示，提高道德认识的水平。而形式新颖、丰富多彩的实践活动形式将有助于儿童道德兴趣的激发，吸引儿童自主参与到道德实践活动中来。

（2）学生的实践和创新能力得到发展

在德育课堂外开展形式多样的实践活动，不是为了活动而活动，而是为提升小学阶段儿童的实践和创新能力。这两方面的能力不仅体现了小学品德课要求的核心素养，而且体现出 21 世纪人才竞争的核心力。因此在德育实践活动中要重视和培养学生的实践和创新能力，多鼓励学生通过实践、探究、讨论、合作等方法参与到实践活动中。

（3）学生课外日常行为表现情况

学生课外日常行为表现情况包括学生课外在家校的表现情况、学习习惯、卫生习惯、生活习惯、网络素养等。教育者要从常规教育入手，使学生的道德行为养成与其自身的日常生活实践相结合，针对儿童亲身体验过的各种事情，不失时机地进行鼓励、引导和教育。如在日常生活中，学生飞奔着跑去食堂就餐，教师就应及时教导孩子就餐时应遵循的规则，让学生在日常生活中形成初步的规则意识和秩序概念。

（4）学生课外作业、作品完成情况

根据学生课外作业、作品完成的情况，能在一定程度上反映出学生对学习任务的态度，如认真度、专注度、责任心等。也是学生实践和创造能力最直接的体现。

3.评价应注意的问题

首先，新媒体时代的到来，极大地促进了人与人之间的交流与互动，德育的场所涉及和扩展到学生的私人空间。因此德育的范围就不能仅仅停留在传统的课堂内和课堂外，就像易连云老师描绘的那样，这种时代背景打破了学校德育的时间和空间概念，应改变以往单一的学校德育与课外实践活动模式，以适应新的德育方式。其次，面对这样一个纷繁复杂的德育情况，要求我们德育工作者，除了在校内及校外对学生进行德育教育外，还应转变方式，脱下德育管理者的外衣，以一种平等的姿势，通过网络平台，让学生特别是高段的学生以独立主体的方式参与进来，引导他们在多元化的社会背景下，用一种正确的、开放的态度来了解和尊重世界多元文化的多样性和差异性，培养学生世界性的眼光，帮助他们逐步形成正确的核心价值观。最后，通过网络平台及时掌握了解学生情况，根据反馈信息及时对德育工作进行调控。

第三节　小学德育评价的标准

一、学校德育工作评价体系

（一）学校德育总目标和整体德育规划

1.明确德育目标：评价学校是否明确了整体的德育目标，以及这些目标是否符合学校的使命和社会需求。

2.规范德育规划：考察学校德育规划的科学性和针对性，以及规划中是否包括全体学生的发展需求。

（二）学校德育体制和队伍

1.德育领导力：评估学校德育领导层的管理和领导水平，以及对德育工作的指导和支持程度。

2.德育队伍建设：考察学校德育团队的专业素养、协作能力和培训机制的完善程度。

（三）学校德育环境与设施

1.校园文化氛围：观察学校的文化氛围是否有利于开展德育工作，包括校风、师德师风等。

2.德育设施建设：评估学校是否有完善的德育设施，如心理健康教育室、德育图书馆等。

（四）德育渠道和模式

1.信息传递渠道：检查学校德育信息传递的途径，包括家校沟通、学生社区等，以确保信息传递的畅通性。

2.德育模式创新：考察学校是否尝试新的德育模式，如项目制学习、社区服务等，以促进学生全面发展。

（五）德育的形式和方法

1.德育课程设计：评价学校德育课程的设计是否贴合学生年龄特点，涵盖了道德、社会、心理等方面的内容。

2.德育活动组织：观察学校是否组织多样化的德育活动，包括主题讲座、社区服务、实践活动等。

（六）德育绩效和调控

1.德育绩效评估：确定学校对德育绩效的评估标准，包括学生的品德表现、参与德育活动情况等。

2.调控机制建设：考察学校是否建立了德育调控机制，以及在评估结果基础上是否进行及时的调整和改进。

二、班级德育评价体系

（一）班级德育目标及实施计划

1.目标明确性：评估班级德育目标是否与学校整体目标相一致，是否具体明确。

2.计划的科学性：考察班级德育计划是否符合学生年龄特点和实际需求，是否有科学的实施计划。

（二）班级德育工作开展的具体情况

1.德育活动组织：观察班级是否定期组织德育活动，如班会、主题讨论等。

2.德育资源利用：评估班级是否充分利用校内外德育资源，如校园资源、社区资源等。

（三）班级德育实施方式

1.师生互动情况：考察师生之间的互动情况，包括沟通、互助、理解等。

2.德育氛围建设：评价班级是否有浓厚的德育氛围，包括同学之间的互助关系、友谊建立等。

（四）班级德育环境和整体风貌

1.班级文化建设：观察班级是否形成了独特的班级文化，包括口号、标志等。

2.整体风貌评估：评价班级整体的风貌，包括师生关系、同学相处、班级凝聚力等。

（五）班级德育效果

1.学生品德表现：评估班级学生在品德方面的整体表现，包括个体和集体的品德。

2.社会责任感：考察学生是否具备社会责任感，关注班级对社区和环境的影响。

三、德育课堂评价体系

（一）德育课堂内评价

1.德育课程实施情况：评估德育课程的设计和实施情况，包括内容的贴合度和教学方法的有效性。

2.教师德育水平：观察德育课堂上教师的德育水平，包括师德、教学风格等。

3.学生在德育课堂上的表现：考察学生在德育课堂中的参与度、表现和反馈。

（二）德育课堂外评价

1.课外实践活动完成情况：评估学生参与德育相关的课外实践活动的完成情况。

2.课外日常行为表现情况：观察学生在日常生活中的行为表现，包括与他人的关系、言行举止等。

3.网络素养评价：考察学生在虚拟空间中的行为举止，包括网络素养、信息素养等。

第八章 小学德育的实施策略

第一节 小学德育领导者的角色

所谓教育，分为教书和育人两个部分，因此对小学生进行教育不仅仅需要为学生传授知识，还需要发挥教师的育人作用，提升小学生的综合素质，促进小学生健康人格的形成。小学德育领导者在学校的德育教育中扮演着至关重要的角色，他们不仅需要制定和执行德育政策，还需要成为道德榜样，支持和指导教师，与家长和社区合作，关注学生的个人发展，并通过创新和适应性来应对社会的变化。成功的德育领导者能够为学生提供一个有利于道德成长和全面发展的环境。

一、发挥校长的引导作用，促进德育体系完善

（一）明确德育方向

作为学校德育领导者的校长，首先要明确学校的德育方向，树立正确的德育理念，将德育工作融入学校整体发展规划中。校长应当以身作则，成为全校师生的榜样，引领学校朝着积极向上、充满正能量的德育目标迈进。

（二）制定德育规划

校长在制定学校的年度、中期以及长远的德育规划时，需要全面考虑学生的年龄特点、社会需求以及学校的实际情况。通过与德育骨干教师、家长等多方沟通，形成科学、可行的德育发展方向，确保德育规划的顺利实施。

（三）倡导德育文化

校长作为德育的领导者，要倡导积极向上、正面健康的德育文化。通过校园文化建设、激励机制的设置等方式，塑造学校积极的德育氛围，使学校成为培养品德良好学生的沃土。

二、发挥校长的引导作用，提升德育培训力度

（一）加强班主任德育能力培训

学生在学校接触最多的教师就是班主任，因此班主任是对学生造成最大影响的教师。小学校长应积极组织班主任参加与德育相关的培训，确保班主任的德育教育理念具有先进性以及科学性，确保德育教育工作落到实处，从而提高德育教育的质量。

（二）加强行政人员德育能力培训

一所学校中，不仅包含各学科教师以及班主任，也存在着大量行政工作人员，他们同样是不容忽视的群体，在日常管理中要下大力气对行政工作人员进行德育培训，以确保顺利开展各类德育教育工作。提升行政人员的德育意识，不仅可以监督教师的日常德育工作，更能确保每一项德育工作落到实处，高效完成德育教育任务。

（三）加强相关人员德育能力培训

小学学校内除了管理者、教师以及学生之外，还有保洁工作人员、食堂工作人员、宿管人员等，加强对于这部分人员的德育培训，提升学校每一个人员的综合素质，在潜移默化中都可以对学生起到积极的影响作用，促进小学生思想品质的提升。

（四）加强德育教师的能力培训

加强德育教师的能力培训至关重要，因为他们是学校德育工作的核心力量，直接参与学生的品德培养和教育。小学校长应该通过多方面途径实施全面的德育教师培训：

第一，进行专业知识培训。确保德育教师具备扎实的德育理论知识和相关专业知识，包括心理学、伦理学、德育方法等。这将使他们更好地指导学生的德育发展，提高德育工作的水平。

第二，组织案例分析和研讨。定期安排德育教师参与案例分析和研讨活动，分享成功的德育案例和经验。通过这种形式，德育教师可以从实践中吸取经验教训，不断改进和提升自身的教育水平。

第三，进行心理健康培训。强调德育教师的心理健康培训，使他们更好地理解学生的心理状态，有效应对学生在成长过程中可能面临的问题。这有助于建立德育教师与学生之间更为良好的关系。

第四，推动德育教师采用创新教育方法。包括互动式教学、角色扮演、团队合作等创新方法，以提高德育教育的吸引力和实效性，激发学生的学习兴趣。

第五，鼓励实践经验分享。通过座谈会、研讨班等形式，促进德育教师之间的交流与合作，形成共同提升的氛围。这有助于建立学校内部的共享文化，让德育教师能够共同面对挑战，共同成长，为学生提供更为优质的德育教育服务。

三、发挥校长的引导作用，改进德育工作模式

（一）组织德育实践活动

小学阶段学生主要有贪玩儿、好动、对未知事物充满好奇等特点，因此进行德育教育工作，不仅需要为学生传授德育理论，还需要组织有效的课外实践活动。实践活动的开展有利于提升学生的参与热情与积极性，学生在实践活动当中感受德育、体会德育，可有效将德育意识深化于学生内心。小学校长可以与社会相关部门组织公益活动，让学生在公益活动当中实现思想道德品质的升华，从而有效提高德育教育质量。

（二）加大德育宣传力度

加强校园文化建设，也可以对德育工作的开展起到积极的作用。将德育理念渗透在校园文化建设中，可在潜移默化中对学生的思想道德品质起到积极的影响作用。学校可以定期组织校园文化节以及运动会等诸多校园活动，通过参加丰富的校园活动，可以促进小学生身心健康的发展，有利于培养学生健全的人格。

（三）完善德育评价机制

完善德育评价机制是构建全面培养学生综合素质的重要举措。在这一机制中，不仅要注重学生的学业成绩，更要将德育评价纳入考量范围，以培养学生的道德品质、社会责任感和良好行为习惯。评价机制应基于多元化的指标体系，包括课堂表现、社会实践、志愿服务、团队合作等方面的综合评估。学校应建立健全德育评价档案，记录学生的品德表现、道德行为和社会公益活动，形成全方位、多角度的评价体系。同时，评价过程应注重个性化发展，充分尊重学生的差异性，给予他们自我发展的空间和机会。此外，家长和社会的参与也是完善德育评价机制的重要环节，通过与家长和社会资源的合作，更好地评价和引导学生的德育发展。只有建立科学、公正、有效的德育评价机制，才能真正推动学生的全面发展，培养具有高尚品德和社会责任感的新时代公民。

（四）保证德育资源投入

除了加大对相关教职工人员的培训力度之外，作为小学校长，还要以身作则，提升自身教育能力以及德育能力，将更大的热情放在德育教育工作中。对德育教育活动提供强有力的资源保障，不仅可以建立完善的德育教育保障体系，更可以有效推动德育工作的顺利开展，以此来支持和鼓励开展更多形式的德育活动，促使德育效果得到提升。

总而言之，小学校长要充分利用在德育工作中的领导作用，以身作则，提升教师的德育意识，建立健全德育教学体系，开展高效德育实践活动，为小学德育教育工作起到引领和示范作用，为推动我国素质教育事业发展贡献力量。

第二节 小学教师德育能力的提高

学校德育就是要更好地促进学生"立大德，树公德，修私德"，更好地帮助其树立"以国家富强、人民幸福为己任，胸怀理想、志存高远，投身中国特色社会主义伟大实践，并为之终生奋斗"的崇高理想。学校德育作用于学生的生存、发展等多个方面，对学生良好品德的形成影响深刻，是促进学生德智体美劳全面发展，增强国家和民族认同，厚植爱党爱国爱人民情怀，落实好立德树人根本任务的重要路径，能帮助引导学生扣好人生第一粒扣子。教育的关键是教师，德育教师队伍建设是做好学校德育工作的关键。习近平总书记在学校思想政治理论课教师座谈会上指出，"要理直气壮开好思政课""让有信仰的人讲信仰"。教师要成为"打造中华民族梦之队的筑梦人"。只有建立精干的德育教师队伍，才能更好地汇聚德育的力量和智慧。做好学校德育需坚持以人为本，积极优化顶层设计，不断打造"政治要强、情怀要深、思维要新、视野要广、自律要严、人格要正"的优秀德育教师队伍，从而奠定学校德育高质量发展的厚实根基。

一、合理化组织框架

立德树人根本任务的实现，需要强大的教育力量。学校教育力量的有效发挥，既需要教师个体的充分能动与积极作用，也离不开群体科学的组织。从教师群体的运作机制出发，站在制度层面来引领和规划教师个体的教学行为，激励教师自主参与到学校教师队伍建设中来，这正是当下学校教师队伍建设面临的重大课题。学校的教育目的与教师情怀能够一致，大家有着共同的教育愿景，这才是对教师和教师群体最好的激励。教师与教师、教师与学校之间要有"共同事务"，这个共同的事务就是立德树人。传统的德育教师队伍架构，通常更多是采取层级式的方式，由校长、分管德育副校长、德育主任、德育专员（政教员）、德育教师（科任教师、班主任）等构成学校专职兼职德育序列。这种层级式的方式，有利于管理与控制，执行效率较高，信息上传下达指向清晰，责任分工明确。但却容易造成"只见树木不见森林"，共同愿景被消解，共同事务被割裂的困境。

新时代学校加强德育教师队伍建设，还可在层级构建的基础上，积极加强学校德育共同体建设，推进学校德育的扁平式管理与网格化管理，探索项目团队负责制，以道德与法治学科教师、班主任为骨干，鼓励语文、音乐、美术、体育、科学等其他学科教师积极参与到相应的德育项目中，进而不断调整和优化德育组织的体系框架，构建系统的学校德育体系，既有效发挥教师个体的实践智慧和工作积极性，又充分营造精诚合作的团队精神，有效避免德育中的单打独斗、孤立无援、德育与教学"两张皮"等现象，这样学校的德育力量才更为集中，学校立德树人的良好教育氛围才会日益浓厚。

二、优化德育教师结构

为了更好地开展德育教育工作，优化德育教师结构是至关重要的一步。

首先，学校应该注重招聘和选拔具备德育教育专业知识和经验的教师。德育教师应具备深厚的道德素养和高尚的师德，具备较强的教育教学能力和指导学生品德发展的能力。

其次，学校可以设立德育教研组或专职德育教师团队，负责制订德育教育的课程和计划，并进行教学方法和资源的研究与开发。这样的团队可以为学校德育教学提供专业的指导和支持，为其他教师提供德育教育方面的培训和指导，提高整体德育教育水平。

再次，学校还可以鼓励教师参与相关的专业发展和学习机会，如参加德育教育研讨会、培训班或专业论坛等。这有助于教师更新教育理念、提升教育教学技能，并与其他德育教育从业者进行交流和分享经验，促进德育教育的不断发展。

最后，学校可以建立德育教师评价和激励机制，对德育教师进行绩效评估，并根据评估结果采取相应的激励措施，以激发德育教师的积极性和创造力。同时，学校也应该为德育教师提供必要的教育资源和支持，包括教学材料、课堂设备以及专业发展的经费支持，以确保他们能够有效开展德育教育工作。

优化德育教师结构对于提升学校德育教育的质量和水平至关重要。通过选拔和培养合适的德育教师团队，加强专业发展和支持，建立有效的评价和激励机制，学校能够更好地实施德育教育，培养学生良好的品德和行为习惯，推动学生的全面发展。德育教师的专业能力和素养直接关系到学生的德育教育效果和影响力。通过优化德育教师结构，学校能够有效地整合教育资源，提高德育教育的专业化水平。

优化德育教师结构不仅是招聘和培养德育教师，还需要学校提供良好的工作环境和支持体系。学校应重视德育教师的职业发展和成长，建立健全培训机制，为他们提供可持续的专业发展机会。同时，学校还应加强对德育教师的指导和管理，建立德育教师与其他教师之间的协作和互动机制，促进德育教育与学校整体教育目标的衔接。

优化德育教师结构也需要教育部门、学校领导和教师团队的共同努力。教育部门应关注德育教育的重要性，加大对德育教师的政策支持和培养投入，提供相关的培训和指导。学校领导要提供支持和资源，建立和谐的教育环境，为德育教师的专业发展创造条件。教师团队要加强合作与交流，相互学习和分享经验，共同提升德育教育水平。

（一）选好领头羊

德育是学校教育的灵魂，配备好德育主任甚为重要。德育主任要作风正派、富有奉献精神，为人谦和、善于沟通、教学教研能力出众并年富力强。同时，可由德育处主任提名，配上 2~3 名兼职德育专员，迅速构建配备起德育处的"精兵强将"。

（二）配好德育课程教师

要在学校教师队伍中，综合个人意愿和学科背景，选出那些热爱学生、热爱教学、能力出众、精力充沛的教师，来担任学校德育课程科任教师。由这样的一支队伍直接担负起课堂德育教育，德育课堂主阵地就能够从根本上脱离"不切实际、枯燥无味、成效低下"，进而进入新的天地，"言而有信、言而有据、言而有实"，课堂教学中教育影响前后一致、德育要求准确规范、德育故事真实感人等将成为课堂德育常态，为课堂德育取得显著成效提供有力保障。

（三）发挥班主任作用

班主任是学校德育的骨干力量，"分层培训、分类激励、共生模式、机制保障"等实践做法对于新时期班主任队伍建设很有参考价值。除了在各学科结合学科学习内容适当进行德育渗透，综合实践活动课程主题设计序列适当增添德育因素等之外，还要充分信任和依靠班主任，开展好班级德育活动，建设好班级这一学生成长的前沿阵地，加强德育主任与班主任的交流，加强德育教师与班主任的教育协同。学校在进行德育顶层设计时，尤其在制订学校德育计划前，可通过召开班主任会等形式与班主任们开展座谈、充分交流，摸清楚不同年级不同班级的问题，广泛征求意见，共思对策。这样德育计划才更能切合班级实际，更具有针对性和可行性。

三、加强发展引领

队伍建设不是一劳永逸的事情，而是一项持续性的工作。教师通常既有求生存的需要，也有求发展的需求。新时代"广大教师要做学生锤炼品格的引路人，做学生学习知识的引路人，做学生创新思维的引路人，做学生奉献祖国的引路人"。学校对德育队伍的教师除了予以身心健康方面的细致呵护和关爱之外，还需加强发展引领，不断锤炼其专业品质，提升其专业素养，增长其专业才干。

另外，要通过集体商议方式，积极建立和优化学校德育的相关管理制度。加强和改进学校德育管理，化解德育中的矛盾和分歧，这有赖于行之有效的制度规范与制度保障。应通过制度的不断完善，进一步明晰工作目标，明确工作职责，优化评价标准，实现德育开展在资源、条件等方面的全方位保障。管理制度的建设，要注意强调对创新、合作的鼓励和引导，在压实责任、强化落实的同时，以正面评价、激励表彰为主。

学校还可积极参与到大中小学思政课教师队伍一体化的行动中，立足小学德育要更多地运用以情感人特点，开展专家进校园指导、校本教研，以及校际工作交流、名师主题沙龙等活动，鼓励德育教师不断提升人文素养，将教学教研有机结合，增强问题意识，改进教学，完善方案，积极参加教研课题申报，参加优秀课例、案例评比以及教学比武等，助力德育教师的专业发展，努力为其发展创建、搭建交流、发展平台，使每一位德育教师都成长为有高尚师德、广博学识视野和精深专业素养的"T型"人才，最终成为具有良好合作能力和终身学习自觉性的研究型教师。

总之，教师是立教之本、兴教之源。学校要尊重和关心德育教师，重视德育教师发展，切实做好德育队伍建设。只有这样，学校的德育课程建设、课堂教学变革、实践活动开展才会不断深入并取得显著成效。

第三节　小学家庭德育的推进

育人之本，在于立德铸魂，这一理念强调的是教育在塑造人的品格和灵魂上的核心作用。对于小学生而言，家庭德育是至关重要的。在这个阶段，孩子们的思想和性格尚在形成，家庭作为他们最直接和密切的社会环境，对他们的成长有着深远的影响。

家庭德育不仅是关于基本的道德和行为规范的教育，更是关于如何成为一个有责任感、有同理心和有贡献精神的人的教育。通过家庭德育，小学生能够建立正确的世界观、人生观和价值观，这将为他们今后在学习、工作和社交中作出明智的选择和决定打下基础。

一、小学生家庭德育的内容及重要性

（一）小学生家庭德育的内容

家庭德育的关键在于营造温馨和谐的家庭环境，为孩子提供积极的成长氛围。通过与孩子的互动、关注和教育引导，家庭能够对孩子的品德、社会意识和全面发展起到重要的影响作用。家长的付出和努力将为孩子成长奠定坚实的德育基础，帮助他们成为具有良好品德和积极价值观的社会人士。

小学阶段是孩子思想品德塑造的初级阶段但同时也是很重要的阶段。基于满足小学生成长需求以及符合新时代公民道德建设的要求，小学生家庭德育内容呈现出多元化的特点，主要包括几方面的内容。

1. 社会公德教育

社会公德教育主要是指帮助小学生从小学会文明礼貌、助人为乐、爱护公物、保护环境、遵纪守法，鼓励小学生在社会上做一个好公民。父母在日常生活中应该在各个方面对小学生提出明确的品德规范要求，结合马克思主义理论渗透基本国情教育和社会主义、集体主义教育，加强法律法规教育。

2. 职业道德教育

职业道德教育主要是指帮助小学生树立爱岗敬业、诚实守信、办事公道、热情服务、奉献社会的观念，鼓励小学生在今后的工作中做一个好的建设者。大部分小学生对职业的概念可能很模糊，也许未来从事什么职业对他们来说还很遥远，但是作为家长除了以身作则做好本职工作以外也可以带小学生了解和体验更多的职业，进一步培养小学生拥有自己的理想，在潜移默化中进行职业道德教育，为社会培养合格的人才。

3. 家庭美德教育

家庭美德教育主要是指帮助小学生增强尊老爱幼、男女平等、勤俭持家、邻里互助的意识，鼓励小学生在家庭里做一个好成员。父母要让孩子明白家是孩子的避风港的同时也要教育孩子尽自己最大的努力去维护家庭幸福。小学生应该认识到仅知道家庭幸福的重要性是远远不够的，更应该通过自己的努力和成长去获得它，而且维护家庭幸福是每一位家庭成员的责任。

4. 个人品德教育

个人品德教育主要是指帮助小学生成为一名爱国奉献、明礼遵规、勤劳善良、宽厚正直、自强自律的社会主义接班人，鼓励小学生在日常生活中养成良好品行。小学阶段是养成良好品行的关键时期，家长要抓住这一时期加强爱国主义教育，使小学生拥有正确的世界观、人生观和价值观。

5. 环境保护教育

家庭应该培养孩子的环境保护意识和责任感。家长可以与孩子一起进行垃圾分类、节约用水用电等环保行动，教育他们尊重自然、保护环境，培养绿色生活的习惯。

6. 社交教育

家庭德育还包括培养孩子的社交能力和人际关系。家长可以帮助孩子学会与他人友好相处，培养合作精神和团队意识，引导他们尊重他人的权利和感受，教导他们解决冲突的方法和妥协的重要性。

（二）小学生家庭德育的重要性

小学生家庭德育的重要性从三个方面可以体现出来。

首先，良好的家庭德育能帮助小学生认识到道德的重要性，进而促进个体的成长发展。因为小学生的身心发展还比较幼稚，不能独立地分辨和判断人生道路上的各种诱惑，所以需要家长、老师和社会的帮助指导，其中最重要的就是家长的引导。亚里士多德认为家庭德育有助于公民过合乎美德的生活。父亲与子女之间的亲缘关系和关爱所产生的约束作用比法律的更大，因为家庭成员自然地对他有感情并愿意服从他。家庭德育能够加强小学生辨别是非的能力，拥有正确的是非观，并且对小学生人生成长方向产生积极的影响。

其次，良好的家庭德育能帮助小学生上好思政课，更好地促进当前思政课一体化，是学校德育的扩充和巩固。当前，党中央和习近平总书记强调要在大中小学循序渐进、螺旋上升地开展思政课教学，统筹思政课一体化建设。而小学阶段的重点是对道德情感进行启蒙教育，家庭德育可以有效引导小学生形成热爱党、热爱国家、热爱中国特色社会主义、热爱人民的情感，激发小学生拥有做社会主义接班人的美好愿望，从心底接受思政课，爱上思政课。

最后，良好的家庭德育可以帮助小学生处理人际关系，加强法制观念，从而促进社会的和谐稳定。重视家庭德育特别是小学生家庭德育，是预防和减少青少年犯罪，保障社会稳定的重要措施。当前，在我国进行社会主义物质文明和精神文明建设过程中，充分重视家庭德育特别是将小学生家庭德育放在家庭德育的重要位置是极为重要的。

二、小学生家庭德育现存问题

（一）家庭德育理念比较落后

在当代社会，随着社会的不断变迁和家庭结构的演变，一些家庭的德育理念可能相对落后或不适应现代社会的需求。

1. 传统观念的固守

有些家庭仍然固守传统观念，对德育的理解仍停留在传统的道德规范和价值观念上。这种思维模式可能无法适应多元化的社会和现代人的多样化需求。家庭德育需要与时俱进，关注现代社会的新挑战和新情境，才能更好地引导孩子适应社会和健康成长。

2. 权威主义和单向教育

一些家庭仍然采用权威主义的教育方式，强调家长的权威和指导，忽视孩子的主体性和参与性。这种单向教育模式容易导致孩子缺乏自主性和创造力，无法积极适应现代社会的快速变化和个人发展的需要。

3. 缺乏开放和尊重

一些家庭可能缺乏开放和尊重的态度，对孩子的独特性和个性发展缺乏支持。这种限制和压抑可能导致孩子的个性受到抑制，难以培养他们的自信心和独立思考能力。

4. 技术依赖和沟通不畅

随着科技的普及，有些家庭可能过度依赖电子设备和虚拟世界，导致家庭成员之间的沟通不畅和互动减少。这种情况下，德育教育的传递和交流受到了限制，家庭成员的情感联系和亲密关系也可能受到冲击。

5. 忽视情感教育和心理健康

在一些家庭中，情感教育和心理健康教育可能被忽视。家长可能更关注孩子的学业成绩和外在表现，忽视了孩子情感需求的满足和心理健康的培养。这样的情况可能影响孩子的情绪管理能力和自我成长，对其整体发展产生负面影响。

（二）家庭德育内容比较片面

传统家庭德育思想主要将一些尊敬长辈的伦理道德变成绝对化的行为准则，具有强烈的封建主义色彩。比如元代《二十四孝》选编了不同朝代孝子的故事，目的是激励人们效仿孝子，同时将最不可饶恕的罪过定义为不孝顺父母。这样做的根本目的是巩固封建制度而不是进行良好的家庭德育。类似的思想观念已经在中国绵延数千年，虽然随着改革开放和时代的进步，社会有了翻天覆地的改变，传统德育思想中有些糟粕被淘汰，但还有部分思想内容依旧沿用至今。在全球化的大背景下，我们能够认识到造成子女与家长矛盾冲突的重要原因就是子女被认为是家长的私有财产，家长过高的期望导致子女的叛逆，有些家长不了解或者不愿意去了解最新德育内容的变化，最终对家庭德育的效果造成了巨大的损失。当前，家长对于德育内容的认知远远不够，因为随着社会的飞速发展，现在的小学生获取信息的渠道越来越多，家长单凭以前获取的知识去教育子女是无法让子女真正信服和行动的，不是说雷锋故事在今天已然落后，而是要及时地更新和丰富德育内容，结合经典与时俱进，最终帮助小学生确立正确的三观，提升道德修养。

（三）家庭德育方法比较保守

传统的家庭德育方法是家长根据自己的意愿去模式化的教育子女，通过严厉的惩罚又或者是过度的溺爱让子女最终按照自己的想法成长。而随着社会的发展，小学生的思想行为受到家庭、学校和周边环境的影响巨大，而依照传统家庭德育教育出来的子女往往十分依赖父母，没有丝毫的主见，遇到事情只会退缩。我们不得不承认传统德育对中国的德育作出巨大贡献的同时，不可避免的也有许多弊端，而这些弊端仍然会长期存在。所以小学生家庭德育不能只靠传统保守的家庭德育方法，也需要学校、教师和家长的共同努力。

但是当前家庭、学校、社会结合不紧密，家长自身忽略对孩子进行德育教育，家庭德育方法比较保守单一，大多依靠说教，认为德育只是学校和老师的责任，不重视家庭德育使得德育出现了漏洞。目前包括未来的很长一段时间，受到应试教育的影响，家长不会及时更新家庭德育方法，再加上一些家长的德育观念淡漠，只重视书本知识和考试成绩，导致家长判断子女是否成才的重要甚至是唯一的标准就是学习成绩，于是将精力主要集中在孩子的学习辅导上，不断为子女提高成绩投入大量的钱财和精力，在一定程度上也影响了家庭德育，忽略了孩子品德的培养。虽然大部分的家长都非常注重与老师和学校进行沟通，但是很少有家长重视老师对自己孩子德育方面的建议。小学生本身的成长特点也决定了他们会容易受到周边环境的影响，但学校、老师因为教育制度和当前社会风气的关系，并不十分重视德育。再加上和家长的沟通力度不够，保守的家庭德育方式造成德育效果大打折扣，无法有效发挥三者的合力。

三、小学生家庭德育对策

在小学生家庭德育中，家长承担着至关重要的责任，家长应该认识到德育的重要性，认识到应该创新德育理念和德育方法，加强先进德育内容的学习，积极引导小学生科学学习，学会做人。只有家长先认识到德育的重要并努力做出改变，孩子们的思想品德才会真正有所提高、有所改善。只有家庭、学校、社会三者形成合力，家庭德育才能发挥其最大的优势，帮助子女更好地成长。所以为了科学地进行小学生家庭德育，我们还要吸取传统家庭德育中积极的因素，克服其消极因素，结合现代家庭德育，有效发挥家庭、学校、社会三者合力，形成具有中国特色的小学生家庭德育策略。

（一）树立正确的家庭德育理念

第一，树立中西结合、推陈出新的家庭德育理念。随着时代的发展和社会的进步，进行家庭德育更应该与时俱进。我们应该根据现今小学生的成长特点和身心发展规律，结合先进的德育理念进行家庭德育，最终让小学生拥有这个时代最鲜明的特色。家庭德育应该做到既要继承我国优秀传统文化中关于德育的经验，又要结合现代国外先进德育理念，做到取其精华。我国传统家庭德育注重孝行，把孝敬父母作为做人的根本，在德育方式上通常采用以身作则的方式进行言传身教，而这正是需要我们继续发扬光大的优秀传统；国外特别是西方家庭德育往往更关注孩子自身，尤其是在小学阶段，重视对孩子独立自主能力的培养，希望孩子能够全面发展而不是只做一个用功读书的书呆子，这些理念是当前亟须我们借鉴和学习的。要想德育取得实效，古为今用、洋为中用是小学生家庭德育的突破口。社会在大踏步地前进，我们面对着全球化冲击的同时还要迎难而上进行教育体制改革，传统德育的精华固然不能丢弃，但是更重要的是将人们心中的封建糟粕根除，吸收国外德育的新鲜理念和成功经验，不断创新，不断发展。只有继承传统理念与借鉴国外先进理念相结合，才能培养出社会和国家所需要的社会主义接班人，而且这样做对于改善整个社会的风气也有着意想不到的效果。

第二，树立德育为先、双向沟通的家庭德育理念。生活在民主自由环境下的小学生渴望通过和家长的平等对话来表达自己的看法和观点，在这个意义上，有的时候孩子也可以成为父母的老师。家长想要在德育的过程中取得进展和突破，就要学会和孩子建立沟通交流的桥梁，把自己和孩子放在同一地位上，通过双向交流让德育进行的更加顺畅，进而达到应有的目的。在双向沟通的氛围中，小学生往往会更加放松的接受家长的德育教育，进而帮助其形成独立自主意识以及公民意识，提高想象力和创造力，为今后成为一名合格的公民奠定坚实的基础。

（二）学习先进的家庭德育内容

孩子一出生先见到的是自己的父母，第一任老师毋庸置疑是父母，父母是带给孩子最直接、最深刻影响力的人。柏拉图认为，通过德育能够培养人类的品行，只不过人的品行是很难被影响的。虽然孩子思想品德的形成有待于深入研究，但是可以确定的一点是孩子可以模仿周边的人养成一些良好的行为习惯，所以家长学习先进的德育内容能够更好地给孩子起模范带头作用。家长应主要从社会公德、职业道德、家庭美德、个人品德四个方面进行学习，进而更好地解决家庭德育中出现的问题。综上所述，只有家长自身重视德行，学习先进的德育内容，才能在家庭生活中自觉地进行德育，最终有针对性的解决家庭德育中出现的实际问题。

（三）掌握科学的家庭德育方法

掌握科学的家庭德育方法能够更好地完成小学生家庭德育的任务。影响家庭德育的因素有很多，最重要的是我们要了解小学生的性格特点，尤其是要学会因人而异选择合适的德育方法。由于家庭德育内容和任务的复杂性和多样性，德育方法也一定是各种各样的，需要我们进行选择，然后结合实际使用这些方法。

1. 潜移默化法

潜移默化法是家长通过创造一个温馨和谐的家庭环境，经常带领孩子特别是处在小学阶段的未成年人接触大自然，积极参与社会实践活动，在这一系列的活动中孩子能够自觉地接受德育，进而培养良好的学习习惯和行为习惯，建立正确的价值观的德育方法。

2. 说服教育法

说服教育法是指家长为了让孩子认识到问题的严重性以及如何改正错误，通过运用言语等方式去讲清楚道理的德育方法。

3. 奖惩法

奖惩法是指当孩子做了一件事之后，家长对于孩子在这件事中所表现出来的或好或坏的品行进行评判，然后通过奖励或者惩罚孩子来帮助他们更好的认识到自己的优缺点的一种德育方法。

4. 实践锻炼法

实践锻炼法是指家长有意识地让孩子特别是小学生参加一些力所能及的社会实践活动，然后从中得到锻炼，磨炼其意志，培养其良好思想品德的德育方法。

5. 榜样示范法

榜样示范法是指家长能够主动学习模范人物的作风，然后以身作则去影响孩子，让孩子在模仿自己的行为习惯中培养出良好思想品德的德育方法。

6. 结合网络教育法

网络上的信息良莠不齐，特别是小学生突然接触到网络难免会感到新奇，不加辨别的接受所有的讯息，这对于他们的身心健康会产生不利的影响。网络是把双刃剑，家长需要帮助子女提高辨别是非的能力，合理利用网络空间，同时家长也要学会利用网络上的资源进行家庭德育。

（四）创建温馨的家庭德育氛围

培养良好的思想品德需要家庭德育氛围和谐稳定、民主自由、平等融洽。首先，家长应尊重子女的意见。父母和子女要相互尊重，遇到事情时要考虑彼此的意见和建议，还有不要轻视小学生的想法，只有让小学生参与到家庭事务中，才能让他们更加直接地接触社会生活，引导小学生逐步建立属于自己的正确的世界观。

其次，家长对待人生应该保持乐观向上的积极态度。我们都知道小学生极易被身边的人或事所影响，只有最亲近的父母保持乐观向上的人生态度，才能真正稳定小学生浮躁的性情，帮助小学生采取合适的措施去应对挫折和压力。家长永远是孩子学习的榜样，看到家长坚持不懈、乐观向上，孩子也会获得正面的影响，拥有正确的认知。

最后，家长应运用一切方式去引导孩子开阔自己的眼界。在空闲时间，家长可以带着孩子去旅游爬山，陪孩子参观各种有益身心健康的展览，组织一起体育锻炼等。通过这些活动，一方面可以增进彼此的感情；另一方面也可以增长孩子的见识，拓宽视野，促进孩子的身心发展，最重要的是家长可以在丰富多彩的家庭活动中对孩子进行灵活的德育教育。

（五）建立广泛的家庭德育咨询服务机构

家庭德育是提高公民素质的基础工程，家长自身素质存在问题，包括在德育方法上的不当以及对小学生身心发展规律的无知等，都可能导致孩子在成长过程中遭遇不必要的挫折，因此提高家长德育能力迫在眉睫。为了有效解决家长无师可求的问题，政府和有关组织可以建立广泛的家庭德育咨询机构，结合电话或网络咨询服务，同时创立家长学校，更好的帮助家长解决德育过程中遇到的困难，提高小学生家庭德育质量。建立广泛咨询服务机构的目的是充分利用各种形式、通过有效途径、普及家庭德育知识。例如举办家庭德育学习讲座；开展家庭德育咨询活动；编辑各种家庭德育参考资料；通过电台、电视、网络等平台进行宣传与讲解，等等。

小学生家庭德育不是孤立的，不仅需要学校的支持帮助与家长的重视努力，更需要全社会共同来关心小学生家庭德育问题。只有重视未成年人的思想启蒙和道德品质培养，采取积极有效的措施，才能培养出真正的社会主义接班人。

第九章　小学德育模式的创新与发展

第一节　小学德育模式创新的意义

　　青少年是祖国的未来，是我们国家未来的希望。因此，为了把他们培养成为具有中国特色的社会主义接班人和建设者，在他们走向社会、独立生活之前，不仅要教会他们各种科学知识，更要重视他们良好行为习惯的养成和思想道德方面的培养，使得少年儿童能够健康、快乐地成长为国家的栋梁之材。而小学阶段是少年儿童养成良好品德行为习惯的关键时期，在这一时期，孩子的成长离不开学校、家庭和社会的共同教育。学校教育是德育教育的主阵地，它可以对学生展开系统性的、有目的、有计划和分阶段的道德教育，对学生思想道德的健康成长和良好行为习惯的养成，都有着不可替代的主导作用。家庭教育在一个人的思想道德教育过程中起着非常重要的作用，父母是孩子的第一任老师，在朝夕相处中，家长的言行表率作用对子女的思想、道德的形成有着直接的影响。社会是德育实践的重要场所，是道德教育中不可或缺的重要因素。因此，要使学校、家庭和社会三者有机结合，推动小学德育的创新，其意义在于：

一、小学德育是实现我国教育目的的基础和保障

　　在社会主义条件下，德育在学校教育中占有极其重要的地位，在学校的全部教学工作中起着统率和方向保证性作用，这是由社会主义的教育性质所决定的。而小学德育可促进小学生的道德发展，保证他们的思想道德观念沿着正确的方向发展。

二、小学德育是少年儿童全面健康成长的必要条件和保证

　　小学德育是实现我国教育目的的基础和保障。在小学阶段，德育教育扮演着至关重要的角色，它不仅关注学生的学业发展，更注重培养学生的道德品质、价值观和社会意识。小学德育的目标是通过塑造良好的人格，培养学生的社会责任感、团队合作精神和自律能力，使他们能够成为有道德、有品德、有责任感的公民。

　　小学德育教育为学生的全面发展奠定了基础。它不仅关注学生的认知能力，还注重培养学生的情感、品德和行为习惯。通过德育教育，学生将学会尊重他人、诚实守信、关心社会、拥有正确的价值观和良好的行为习惯。这些品质和价值观将成为他们未来发展的基石，影响他们的人生选择和社会角色。

　　此外，小学德育还培养学生的社会意识和公民意识。通过德育教育，学生将了解社会

的多样性和复杂性，关注社会问题，培养自己的社会责任感和公民意识。他们将学会合作、分享、互助，培养团队合作精神和社会参与能力。这样的教育将为学生的个人成长和未来的社会参与打下坚实的基础。

因此，小学德育教育不仅是知识的传授和学习成绩的追求，更是培养学生综合素质和人格的重要途径。它为学生的未来发展提供了基础和保障，使他们成为有道德情操、积极进取的公民，为社会的繁荣和进步作出积极贡献。

三、小学德育为社会主义精神文明建设奠定良好的基础

小学德育作为教育体系的重要组成部分，为社会主义精神文明建设奠定了良好的基础。在小学阶段，德育教育不仅注重学生的知识和技能培养，更重要的是培养学生的道德品质、社会责任感和价值观，以适应社会主义社会的发展要求。

首先，小学德育教育通过引导和教育，培养学生的社会主义核心价值观。学生通过德育教育，学会尊重他人、团结协作、诚实守信、关心社会、追求真善美等社会主义核心价值观。这些价值观的树立，为学生树立正确的人生目标、塑造正确的价值取向提供了基础。

其次，小学德育教育注重培养学生的社会责任感。通过德育教育，学生了解社会的发展需求和问题，从小培养起社会责任感和公民意识。他们学会关心社会弱势群体、参与公益事业、尊重法律和规章制度，成为具有社会责任感的公民。

最后，小学德育教育还通过激发学生的创新精神和实践能力，为社会主义精神文明建设提供了源源不断的人才支持。德育教育鼓励学生积极思考、勇于创新，并提供实践机会和资源，让学生在实践中锻炼自己，发挥才能。这种创新精神和实践能力的培养，为社会的科技进步和经济发展注入了新的活力。

第二节　小学德育模式的发展趋势

一、"三位一体"德育网络构建的重要意义

构建家庭、学校、社会"三位一体"的德育网络，是社会发展的需要，是时代的呼唤，更是对未成年人教育的迫切需要。小学时期是少年儿童道德认知和道德形成的关键阶段，小学生年龄特点决定了小学德育具有生活化、社会化的特点。而小学生的生活正是由学校、家庭、社会三方面构成的，只有家庭、学校、社会三个方面统一协作，充分发挥学校的德育管理功能，重视家庭德育的全方位效能，利用社区丰富的资源优势，形成合力，整体联动，才能收到更好的效果。也只有通过学校德育的自身提高，学校德育、家庭德育、社会德育的相互结合，调动各方面教育力量，才能形成最佳教育作用的德育网络。中共中央、国务院《关于深化教育改革全面推进素质教育的决定》中指出："学校、家庭和

社会要互相沟通、积极配合，共同开创素质教育工作的新局面。"

《中小学德育工作指南》明确指出："要积极争取家庭、社会共同参与和支持学校德育工作，引导家长注重家庭、注重家教、注重家风，营造积极向上的良好社会氛围。加强家庭教育指导。要建立健全家庭教育工作机制，统筹家长委员会、家长学校、家长会、家访、家长开放日、家长接待日等各种家校沟通渠道，丰富学校指导服务内容，及时了解、沟通和反馈学生思想状况和行为表现，认真听取家长对学校的意见和建议，促进家长了解学校办学理念、教育教学改进措施，帮助家长提高家教水平。构建社会共育机制。要主动联系本地宣传、综治、公安、司法、民政、文化、共青团、妇联、关工委、卫计委等部门、组织，注重发挥党政机关和企事业单位领导干部、专家学者以及老干部、老战士、老专家、老教师、老模范的作用，建立多方联动机制，搭建社会育人平台，实现社会资源共享共建，净化学生成长环境，助力广大中小学生健康成长。"

二、"三位一体"德育模式构建的目标和组织体系

德育不是一个孤立的过程，不是传统思想所认为的仅是一门思想政治课程的授课过程，而是一个具体的、开放的社会实践活动。从时间上看，德育要为每一个学生提供各时段的德育和自我教育的机会；从空间上看，德育不仅指学校德育，而且包含家庭德育、社会德育在内。从教育者和受教育者的关系上看，不仅包括教育者的力量灌输、受教育者的被动接受，还包括教育者在日常行为中对受教育者进行细节指导，让学生从小养成良好的行为习惯。从德育的效果看，德育的终极目的不光是受教育者的行为习惯和思想道德得到提高，而且在施教的过程中，教育者也从中受到教育，道德情操也得到升华。

因此，小学德育应是家庭、学校、社会三者相互作用的系统工程。在青少年思想道德形成过程中，学校教育、家庭教育和社会教育都起着非常重要的作用，青少年的德育绝不仅仅是学校单方面努力能够完成的。"三位一体"德育模式正是以学生为德育主体，发挥学校在德育工作中的纽带作用，整合社区德育资源，激发家庭德育力量，探索学校、家庭、社区积极互动、形成合力的德育行动的具体策略，形成"以学校德育为主体，以家庭德育为基础，以社会德育为依托"的德育工作新格局，共同促进学生良好行为习惯的养成和高尚道德情操的发展。

（一）"三位一体"德育网络的构建目标

人的本质特征之一，就是按照既定目标行动。教育作为一种社会实践活动有其既定目标，德育教育目标是教育目标的组成部分。学校、家庭、社会"三位一体"德育网络的目标，就是"三位一体"德育网络中的教育者和受教育者，在一定的条件和环境下进行各项德育活动，对受教育者的思想道德方面的规范要求和预期效果。德育目标是教育者和受教育者全部德育活动的出发点和归宿，它起着支配、调节、指导和控制着整个德育过程的作用。围绕国家制定的小学德育的总目标，并结合德育网络的具体要求，学校、家庭、社会"三位一体"德育网络的建立应能够实现以下的目标要求：

家庭、学校、社会各界转变观念，形成共识，这是构建"三位一体"德育网络的前提条件。由于学生的思想道德是在多方面的教育影响下形成的，德育的组织形式或途径应是多种多样的，通过学校德育的自身革新，学校德育、家庭德育、社会德育的相互结合，调动学校、家庭、社会三方的德育力量，协同发展，形成德育合力，达成共识，才能形成一个包括学校、家庭、社会在内的大德育网络，全方位对学生实施道德教育，也只有这样，德育才能有最佳的效果。因此在"三位一体"德育网络的构建与实施过程中，教师、家长、社会各界成员都应树立互动合作观念，形成共识、相互支持、和谐互动，共同对学生施加道德教育和影响，力求做到学校、家庭、社会三方都以积极主动的态度加强联系合作。教师、家长、社会成员都应以极大的热情、负责任的态度参与到德育网络的各项工作中，发挥自己的优势，共同承担育人责任，全方面对学生施加德育影响。

创建和谐互动交往的道德教育网络平台，营造学校、家庭、社会团结合作的良好氛围。在"三位一体"德育网络中，德育网络中的成员，包括教师、家长和社会成员，都应做到相互尊重，坦诚相待，互促互进，关系融洽。只有这样，才能在实施道德教育的过程中，保证每位成员既能施展各自的才能与所长，彼此间又有平和对话、坦诚交流。德育网络中的各机构、各部门都应能够各司其职、各尽所能、加强沟通、密切联系，在愉快合作的情境中开展德育工作。营造良好的氛围，这对学校、家庭、社会三维互动德育网络的可持续发展具有重要意义和作用。

充分发挥德育网络中教育者与受教育者的主体作用，激发他们的自主意识，积极参与德育活动，优化德育网络中家庭、学校、社会三方面的互动关系。在"三位一体"德育网络中，应力求做到最大限度地调动广大教育者和受教育者的热情和创造力，提高他们参与道德教育实践活动的积极性。无论是教育者还是受教育者都要有积极参与德育实践活动的主体意识，德育工作不仅仅是教师的事情，家长、社会成员都负有德育的责任，学生也必须树立自我教育的意识，以积极自主的姿态参与德育活动，独立思考，亲身实践，深刻体验，在德育实践中把道德规范和德育理论内化为自身的行为准则。网络成员应主动相互交流、沟通，增进彼此了解，建立良好的互动关系，将德育工作渗透到小学生的学习、生活的每一个环节中，齐心协力培养学生良好的思想品质和行为习惯，将学生培养成具有健全人格，能够全面发展，个性突出的高素质人才。

健全德育网络组织机构，加强管理，建立联系制度，保证"三位一体"德育网络的全面实施。德育教育是一个完整的体系，学校德育是主体，家庭德育是基础，社会德育是主导。孩子的成长离不开学校、家庭和社会三方面的教育，三者缺一不可。学校是促进少年儿童健康成长的场所，但是学校教育只是德育教育的一部分，它的功能在于促进儿童身心的发展而非包揽。家庭、社会的教育功能是学校教育的延伸和补充，在儿童的成长过程中是不可忽视和无法替代的。学校、家庭、社会虽然在德育的内容、方式、方法上有所不同，但要解决的问题和所要达到的教育目标是一致的。在学校、家庭、社会三方紧密结合的"三位一体"德育网络的实施过程中，学校、家庭、社会三者之间要紧密联系、相互协调、经常沟通、理念合拍、方法相容，朝着共同的德育目标努力，只有形成德育培育的正向合力，才能产生良好的德育效果。如果三方目标不一致，各自为政，相互不配合，尽管各有各的教育策略，但合力难以形成，这对学生的教育不仅不会收到良好的效果，而且还会使他们感到无所适从。如果德育目标完全相反，各方教育产生背离现象，不仅不能形成合力，还会产生负合力，给学生造成思想混乱的局面。因此，只有健全组织机构，建立学校、家庭、社会之间的互动联系制度，加强管理者对德育网络的整体协调、有序运作，才能真正发挥学校、家庭、社会"三位一体"德育网络的综合教育功能。

（二）"三位一体"德育网络的组织体系

加强青少年的思想道德教育仅靠学校是远远不够的，他们不仅生活在校园中，也生活在家庭和社会中，因此必须把学校德育向社会拓展、向家庭延伸，使学校德育、家庭德育和社会德育三者实现良性互动，形成"三位一体"的德育网络，使德育向家庭开放、向社会开放、向未来开放，构筑开放的大德育环境。"三位一体"："三位"指的是社会德育、家庭德育、学校德育；"一体"指的是一种适合小学生德育发展的运行体制。学校教育向家庭延伸，向社会拓展，实现学校德育、家庭德育和社会德育三者之间的良性互动，形成"三位一体"的德育教育运行体制是非常必要的。

"三位一体"德育网络的构建，就是把学校德育、家庭德育和社会德育纳入德育大环境，使政府、学校、家庭、社会机构等都参与到道德教育实施的环节中，共同促进受教育者思想品德的发展与提高。德育网络化是现代德育发展的必然趋势，它把政府、学校、家庭、社会机构等紧密结合起来，结成一个相互作用、不断协调的网络体系，共同促进小学德育的开展。

学校的、家庭的、社会的各个方面的力量，形成了学校、家庭、社会三维互动德育网络体系，三要素间相互联系、相互促进、相互合作，组成了道德教育整体合力，有效地促进了学校德育工作的开展，提高了德育建设的实效性。

三、"三位一体"德育模式的实施途径

"三位一体"德育网络是一个复杂的网络体系，它的构建与实施将会涉及学校、家庭、社会的各个方面。三位一体德育模式的实施途径是通过学校、家庭和社会三方的协同努力来促进学生的全面发展和德育成长。

（一）德育课程设计

学校可以设计德育课程，将德育内容纳入课程体系中，系统地教授道德教育知识和技能。这些课程可以包括道德与法治、社会公德、家庭伦理、心理健康等方面的内容，通过课堂教学来培养学生的德育素养。

1.目标明确

德育课程设计需要明确具体的目标和培养方向。课程目标应与学校的德育理念和学生的成长需求相一致，明确要培养学生的哪些品德、道德素养和行为习惯。例如，培养学生

诚实守信、自律自强、团队合作、社会责任感等方面的能力。

2.教材选择

德育课程的教材选择应具备一定的权威性和适用性。教材内容应能引发学生的思考和讨论,帮助他们理解道德原则、价值观念和社会规范。教材可以包括文学作品、历史故事、案例分析等,通过生动有趣的方式激发学生的兴趣和参与度。

3.教学方法多样

德育课程设计应采用多样化的教学方法,以激发学生的主动性和参与度。例如,可以运用讨论、角色扮演、情景模拟、小组合作等方式,让学生通过互动和实践来理解和应用道德原则和行为准则。教师应充当引导者和促进者的角色,引导学生积极参与课堂活动,培养他们的思辨能力和道德决策能力。

4.情感教育融入

德育课程设计应注重情感教育的融入。情感教育可以通过情感体验、情感故事、情感表达等方式,培养学生的情感认知和情感态度。通过情感教育,学生能够发展自己的情感关系、情感表达和情感管理能力,培养对他人的关爱、同理心和友善的品质。

5.评价和反馈

德育课程设计应设立适当的评价和反馈机制。评价可以通过观察记录、学生自评、同伴评价等方式进行,旨在了解学生的学习情况和德育成长情况。评价不仅应关注学生的知识掌握程度,更应注重对学生的品德、态度和行为的评价。反馈可以通过定期的个别或集体讨论、家校沟通等方式进行,及时向学生和家长提供关于德育成长的反馈意见和建议,帮助他们认识自身的优点和不足,以达到进一步改进和发展的目的。

(二)校园文化建设

学校可以通过塑造积极健康的校园文化氛围促进学生的德育发展。价值观引领、丰富多样的德育活动、规范与制度建立、师生关系和同学关系建设、德育资源建设、德育宣传与展示以及家校合作,这些方面的努力共同构建了一个有利于学生品德塑造和德育成长的校园德育文化。这样的文化建设将为学生提供良好的学习和成长环境,培养他们的道德情感、道德判断和道德行为能力。

1.价值观引领

校园德育文化建设应以价值观引领为核心。学校需要明确和宣传积极向上的价值观念,如诚信、友善、团结、尊重等。这些价值观可以通过校训、学校讲堂、校园标语、校园宣传栏、校园文化墙等方式进行宣传,营造出积极向上、充满正能量的校园氛围。

2.丰富多样的德育活动

学校可以组织各种德育活动,丰富学生的德育教育内容。这些活动可以包括主题演讲、德育讲座、德育实践、社区服务、志愿活动等。通过参与这些活动,学生能够加深对德育内容的理解和体验,提升道德意识和加深行为准则的内化。

3.规范与制度建立

学校需要建立一套明确的规范与制度，约束学生的行为，塑造良好的校园风气。这些规范与制度可以包括校规校纪、班级规章制度、操行评定等。学校要加强对规范与制度的宣传和教育，让学生明白遵守规则的重要性，养成良好的行为习惯和培养社会责任感。

4.师生关系和同学关系建设

校园德育文化建设还需注重师生关系和同学关系的建设。学校应鼓励教师与学生之间建立积极互动的关系，增强互信、尊重和关爱。同时，学校也要倡导同学之间的友善、互助和合作，培养学生的团队精神和社交能力。

5.德育资源建设

学校可以加强德育资源的建设，为学生提供德育教育所需的支持和平台。这包括建设德育教室、德育图书馆、德育角落等。这些资源可以提供丰富的德育素材、参考书籍和案例分析，为学生提供自主学习和研究的机会。此外，学校还可以与社会组织、专家学者等建立合作关系，邀请他们提供专业支持和指导，丰富学生的德育教育资源。

6.德育宣传与展示

学校应加强对德育成果的宣传与展示。可以通过校报、校网站、校园电视台等媒体平台，及时报道和展示学生在德育方面的表现和成就。这样的宣传与展示有助于鼓励学生积极参与，树立榜样，形成良好的德育氛围。

7.家校合作

校园文化建设需要与家庭紧密合作。学校应加强与家长的沟通和合作，邀请家长参与德育活动、家长会议等，共同关注学生的德育发展。家庭与学校的积极配合，可以形成家校合力，共同培养学生的良好品德。

（三）社团活动和社会实践

学校可以组织各类社团活动和社会实践项目，让学生参与其中。这样的活动能够培养学生的团队合作精神、领导能力和社会责任感，让他们在实践中体验德育的重要性。

1.社团活动

学校可以开设各种类型的社团活动，如学术研究社团、艺术创作社团、体育运动社团等。这些社团活动为学生提供了一个参与兴趣爱好的平台，鼓励他们积极参与团队合作、学习与交流。通过社团活动，学生能够培养团队合作精神、发展领导能力和增强自信心，同时学会倾听和尊重他人的观点，提高社交能力和人际交往技巧。

2.社会实践项目

学校可以组织学生参与社会实践项目，如社区服务、环境保护活动、公益志愿者等。这些实践项目让学生亲身接触社会问题和完成现实挑战，从中体验到德育的重要性和实践价值。通过参与社会实践，学生能够增强对社会问题的认知，培养社会责任感和公民意识，同时发展解决问题的能力和形成创新思维。

3.培养团队合作精神

社团活动和社会实践项目强调团队合作，学生需要在团队中发挥各自的才能和优势，共同完成任务和实现目标。通过团队合作，学生学会沟通协调、合作共赢，培养集体意识和团队精神。这种团队合作的经验对于学生未来的职业生涯和社会交往非常重要。

4.培养领导能力

参与社团活动和社会实践项目可以为学生提供锻炼领导能力的机会。学生有机会担任社团的干部、项目的负责人，承担组织和管理的责任。在领导团队的过程中，学生能够培养领导能力、决策能力和问题解决能力，同时学会承担责任和面对挑战。

5.增强社会责任感

参与社团活动和社会实践项目可以让学生更加关注社会问题和公共利益，培养他们的社会责任感。学生通过服务社区、关爱弱势群体等方式，了解并满足他人的需求，体验到帮助他人带来的满足感和成就感。这样的经历可以培养学生的同理心、关爱他人的能力，激发他们对社会问题的关注和积极参与社会实践的意识，进而具有积极的社会责任感。

6.实践德育教育

社团活动和社会实践项目为学校提供了实践德育教育的机会。通过参与这些活动，学生能够将课堂上学到的道德原则和价值观念应用到实际情境中。他们面临的挑战和困难，需要思考和解决的道德问题，都是德育教育的实践场景。通过实践德育教育，学生能够增强道德决策能力和实现行为准则的内化。

7.培养综合素质

参与社团活动和社会实践项目不仅有助于学生的德育发展，还能够培养他们的综合素质。在这些活动中，学生需要运用自己的专业知识、创造力和解决问题的能力。在此基础上，他们还能够锻炼自己的组织能力、沟通能力、时间管理能力等。这些综合素质的培养将为学生的全面发展和未来的职业发展打下坚实的基础。

（四）家庭教育指导

家长在日常生活中可以提供德育教育的指导，与孩子进行沟通和讨论，引导他们形成正确的价值观和行为习惯。家长可以通过家庭规范、家庭活动和家庭讨论等方式，加强与孩子的互动，培养他们的道德品质和社会意识。

1.设立家庭规范

家长可以与孩子一起制定家庭规范，明确家庭成员的行为准则和价值观念。这些规范可以包括尊重他人、诚实守信、助人为乐、守时守约等方面的要求。通过家庭规范的制定，家长能够引导孩子形成良好的行为习惯和道德意识，让他们明白在家庭中应遵循的基本规则。

2.家庭活动的重要性

家庭活动是培养孩子德育意识和价值观的重要途径。家长可以组织各类家庭活动，如共同做饭、户外游玩、阅读讨论等，通过亲身参与和互动，增强家庭成员之间的联系与情感。这样的活动不仅能够促进家庭和谐氛围的形成，也可以让孩子从中感受到家庭的温暖和亲情，培养他们的家庭观念和责任感。

3. 家庭讨论与开放对话

家长可以与孩子进行开放、坦诚的对话，鼓励他们表达自己的想法和观点。通过与孩子的讨论，家长可以引导他们思考道德问题、解读社会现象，培养他们的思辨能力和判断力。家长应以耐心和尊重的态度倾听孩子的意见，给予他们自由发言的空间，与孩子建立良好的沟通渠道和信任关系。

4. 培养社会意识与责任感

家长可以通过与孩子共同参与社区服务、公益活动等方式，培养孩子的社会意识和责任感。家长可以带领孩子参与志愿者工作，让他们亲身体验到为他人付出的价值和意义。通过参与社会活动，孩子可以感受到社会的多样性和复杂性，培养他们对他人需求的关注和关爱，激发他们的社会责任感。

5. 培养道德品质和社会意识的阅读

家长可以在日常生活中鼓励孩子阅读具有德育教育意义的书籍和故事。这些书籍可以涵盖道德故事、人物传记、社会问题等方面的内容，通过阅读引导孩子思考和讨论，培养他们的道德品质和社会意识。

6. 尊重个体差异与培养独立性

家长应尊重孩子的个体差异，给予他们独立思考和决策的空间。鼓励孩子在自主性的基础上表达自己的观点和意见，培养他们独立思考的能力和自我管理的能力。同时，家长也要教导孩子理解他人的不同观点和选择，培养他们对他人的宽容和尊重。

（五）榜样示范

家长作为孩子的第一任教育者和榜样，在日常生活中的行为和态度对孩子的德育成长具有重要影响。通过以身作则、实际行动和关爱支持，家长能够引导孩子形成正确的价值观和养成良好的行为习惯，培养他们的道德品质和社会意识，为他们的全面发展打下坚实的基础。

1. 尊重他人

家长可以通过自己的言行举止展现出对他人的尊重。他们可以积极倾听孩子的意见和需求，尊重他们的个人空间和选择权。同时，家长也应当尊重其他家庭成员、邻居、朋友等人的权益和意见，以身作则传递尊重他人的价值观。

2. 诚实守信

家长可以通过自己的诚实和守信行为成为孩子的榜样。他们可以遵守承诺，信守诺言，与孩子建立信任关系。同时，家长也应当鼓励孩子诚实待人、守信守约，从小树立起诚实守信的良好品德。

3. 社会参与

家长可以主动参与社会活动，积极成为孩子的榜样。他们可以志愿参与社区服务、公益活动等，为孩子展示关心社会、关爱他人的精神。这样的行为可以激发孩子对社会问题的关注和参与，培养他们的社会责任感。

4. 积极解决问题

家长可以通过积极的态度和解决问题的方式，成为孩子的良好榜样。他们可以展示出乐观、坚韧和勇敢的品质，帮助孩子克服困难并迎接挑战。这样的榜样行为将激发孩子积极向上的心态和提升面对问题的能力。

5. 遵守规则和法律

家长可以教导孩子遵守规则和法律的重要性，自己也要以身作则。他们可以遵守交通规则、遵守学校规章制度等，向孩子展示守法守规的正确行为。家长可以与孩子一起讨论规则和法律的意义，引导他们明白遵守规则的重要性和意义。

家长作为良好榜样对孩子的德育成长具有深远影响。通过以身作则，家长可以引导孩子养成尊重他人、关心社会、遵守规则等良好行为习惯。家长的榜样作用不仅仅是通过言传身教，更是通过实际行动和示范影响孩子的行为和价值观。

家长的良好榜样可以潜移默化地塑造孩子的道德观念和行为准则。当孩子看到父母以诚实守信的态度对待生活中的各种情境时，他们会逐渐形成自己的诚信意识，明白诚实守信的重要性。当孩子见到父母积极参与社区服务、帮助他人时，他们会懂得关心社会和他人，培养起一颗乐于助人的心。

家长的榜样作用还体现在解决问题和面对挑战的态度上。当孩子看到父母积极乐观地面对困难，寻找解决问题的方法和策略时，他们会学会从困境中寻找出路，培养起勇往直前、不畏困难的勇气。

家长的榜样作用还体现在对待规则和法律的态度上。当孩子见到父母遵守交通规则、遵守学校规章制度时，他们会明白规则和法律对于社会秩序和个人安全的重要性。家长可以与孩子一起讨论规则和法律的合理性和意义，引导他们理解遵守规则的价值。

除了言传身教，家长还可以通过积极参与孩子的学习和成长过程，给予他们关爱和支持。家长可以帮助孩子树立正确的目标和价值观，激发他们的学习兴趣和动力。同时，家长要给予孩子适当的自主空间，鼓励他们独立思考和做出选择。

（六）家庭活动和讨论

通过组织有益于德育的活动和讨论，家庭成员之间能够加强互动和交流，促使他们共同关注和讨论道德问题。这样的活动可以培养孩子的道德意识、判断能力和思辨能力，引导他们形成正确的价值观和行为习惯。同时，家庭共同制定的价值观和家庭互助合作意识，将为孩子提供稳定的道德发展环境，培养他们的责任感和社交能力。在家庭中，倾听和尊重的氛围以及对积极行为的表扬和奖励，也将促进孩子自信心的形成和道德品质的培养。

1. 共同参与公益活动

家庭可以组织一起参与公益活动，例如志愿者服务、捐款捐物、参观社区慈善机构等。这样的活动可以让孩子亲身体验到帮助他人和回馈社会的意义，培养他们的社会责任感和关爱他人的品质。家庭成员的共同参与也可以增进家庭成员之间的互动和情感连接，加强家庭凝聚力。

2.观看道德教育相关影视作品

家庭可以一起观看具有道德教育意义的影视作品，如纪录片、动画片、剧集等。观看影视作品时，家长可以与孩子一起讨论其中的道德问题、人物行为和价值观念。这样的讨论有助于引导孩子思考和理解道德问题的多样性，培养他们的道德判断能力和思辨能力。

3.组织家庭讨论活动

家庭可以定期组织家庭讨论活动，让家庭成员共同关注和讨论道德问题。可以选择一些日常生活中的场景或社会热点话题，让孩子表达自己的观点和看法，并与家人一起进行讨论和交流。这样的讨论可以培养孩子的表达能力、思考能力和辩证思维，加深他们对道德问题的理解和思考。

4.培养家庭共同价值观

家庭可以共同制定家庭价值观，明确家庭成员共同追求的目标和原则。家庭成员可以通过讨论和协商，确定一些共同的价值观念，如诚实守信、尊重他人、关心弱者、团结合作等。这样的共同价值观可以成为家庭行为准则的基础，引导孩子在日常生活中树立正确的道德观念和养成良好的行为习惯。

5.培养家庭互助和合作意识

家庭可以鼓励家庭成员之间的互助和合作。通过分担家务、互相支持、共同制定规则等方式，培养孩子的合作精神和团队意识。家庭成员的合作与互助可以为孩子提供实践道德价值的机会，让他们体验到团队合作的重要性，培养他们的责任感和社交能力。

6.倾听和尊重

家庭成员之间应互相倾听和尊重对方的意见和观点。家长应给予孩子表达自己意见的机会，并认真倾听他们的想法。这样的尊重和倾听可以培养孩子的沟通能力、自信心和自主思考的能力，让他们学会尊重他人的权利和尊严。

7.鼓励积极行为的表扬和奖励

家庭中应当注重对孩子积极行为的表扬和奖励。当孩子展现出良好的道德行为、遵守家庭规范、关心他人等品质时，家长应给予肯定和鼓励，以增强他们的道德意识和行为动力。这样的表扬和奖励可以帮助孩子树立正确的价值观，激励他们持续发展积极的道德品质。

（七）社区服务和志愿活动

社会可以组织各类社区服务和志愿活动，鼓励学生积极参与其中。通过参与志愿者活动、社区服务项目等，学生能够接触到社会问题，培养他们的社会责任感和公民意识，促进德育的全面发展。

1.参与志愿者活动

社会可以组织各种志愿者活动，例如帮助社区清洁、关爱弱势群体、参与环保行动等。学生通过参与志愿者活动，亲身体验到为他人付出的意义和乐趣，同时也能培养他们关心社会、乐于助人的精神。这样的活动不仅提升了学生的社会责任感，也培养了他们的团队合作意识和领导才能。

2.社区服务项目

社会可以组织各类社区服务项目，如义务劳动、社区文化建设、文明出行宣传等。通过参与社区服务项目，学生能够了解社区的需求和问题，激发他们对社区发展的关注和参与度。在服务的过程中，学生学会与不同背景的人合作，锻炼沟通能力和解决问题的能力，同时培养他们的社会参与意识和公民意识。

3.培养社会责任感

通过参与社区服务和志愿活动，学生能够深刻感受到社会问题的存在，并认识到自己有责任参与解决这些问题。他们会意识到自己作为社会一员的重要性，培养出对社会和他人的责任感。这样的经历将激励学生在成长过程中积极参与社会事务，并为社会的发展贡献自己的力量。

4.培养公民意识

参与社区服务和志愿活动可以让学生了解社会的运作机制和公共事务的重要性。他们会认识到自己作为公民应当履行的义务和参与的权利，从而培养出积极参与社会事务的意识和能力。学生将逐渐明白自己的行为对社会产生的影响，培养出遵守法律、尊重他人和参与公共事务的公民意识。

5.推动德育全面发展

社会组织各类社区服务和志愿活动对学生的德育全面发展起到了推动的作用。通过参与这些活动，学生不仅能够培养出关心社会、乐于助人的品质，还能够锻炼自己的合作能力、沟通能力和领导才能。这样的活动为学生提供了实践德育的机会，让他们在实际情境中体验德育的重要性。学生通过参与志愿活动和社区服务项目，学会关注他人的需求，理解并尊重不同的社会群体，培养出同理心、善良和宽容的品质。同时，他们也参与到合作、协调和解决问题的过程中，这能够激发他们的团队合作意识和培养他们的领导能力。

通过社会组织的各类社区服务和志愿活动，学生能够在实践中培养社会责任感和公民意识，促进德育素养的全面发展。这些活动不仅能够让学生更好地了解社会问题和需求，也为他们提供了锻炼自身能力和提升素质的机会。同时，参与志愿活动和社区服务项目还能够培养学生的社交能力、沟通能力和领导才能，为他们的综合发展打下坚实的基础。

社会的组织和推动是关键，它为学生提供各类社区服务和志愿活动的机会。政府、非营利组织和社会团体可以共同合作，建立起有效的平台和渠道，使学生能够参与到有益于社会的活动中。同时，家长和学校也可以发挥积极的作用，鼓励学生参与社区服务和志愿活动，为他们提供支持和指导。通过全社会的共同努力，学生参与社区服务和志愿活动的意识和机会将得到进一步提升，从而促进德育的全面发展。

（八）社会文化活动和资源

社会可以通过举办文化活动、提供社会资源等方式，丰富学生的德育教育内容。例如，举办道德讲座、文化艺术展览、社会公益演出等活动，为学生提供德育教育的学习资源和参与机会。

1.道德讲座和讲座活动

社会可以组织道德讲座和讲座活动，邀请专家学者、行业精英等人士进行演讲和分享。这样的活动可以让学生接触到不同领域的道德问题和引发他们的思考，引导他们深入思考道德价值观和伦理原则。通过专业人士的分享和互动，学生可以获得知识和见解，拓宽他们的道德视野和思维方式。

2.文化艺术展览和演出

社会可以举办各种文化艺术展览和演出活动，如绘画展、音乐会、舞蹈表演等。这些活动不仅能够培养学生的审美意识和艺术修养，也能够通过艺术作品传递道德情感和人文关怀。学生可以通过欣赏和参与文化艺术活动，感受美的力量和情感表达，进而培养出对美的追求和对人性的理解。

3.社会公益演出和义演活动

社会可以组织社会公益演出和义演活动，呼吁全社会关注和参与公益事业。这些活动既可以提供给学生参与公益活动的机会，也可以通过艺术表演形式传递社会责任和关爱他人的理念。通过参与公益演出和义演活动，学生能够体验到帮助他人和回馈社会的意义，培养他们的社会责任感和公民意识。

4.社会资源的开放和利用

社会可以开放和利用各类社会资源，为学生提供实践和研究的机会。例如，社会可以开放图书馆、博物馆、科研机构等场所，让学生参观、研究和学习。学生可以通过利用社会资源，深入了解社会文化、科学技术等领域，拓宽自己的知识面和视野。这样的资源开放和利用可以为学生提供多样化的学习途径和知识积累的机会，丰富他们的德育教育内容。

第十章　结论与建议

第一节　结论

学校、家庭和社会是少年儿童学习和生活所处的必要环境，三者在思想教育工作中相互渗透，相互依存，不可或缺。学校是学生获得科学知识和德育理论的主要来源，对学生的思想、道德的培养和发展，以及他们的道德实践都具有重要的影响。家庭教育在一个人的思想道德教育过程中起着非常重要的作用。父母的言传身教和家庭的良好氛围直接影响到孩子的健康成长。家庭教育又是终身教育，它开始于孩子的出生之日，贯穿于小学、中学、大学，乃至成年后的每个阶段。所以说，家庭环境教育是非常重要的，它对儿童的道德的形成和发展有着终生的影响。社会教育是学校和家庭教育的继续延伸和发展，是落实少年儿童德育实践的大环境。少年儿童在成长过程中，除了家庭和学校以外，自己生活的社区是其生活、活动的另一个重要的场所。尤其是随着年龄的增长，小学生的视野日渐开阔，他们对学校和家庭的依赖日渐减弱，而与社会的交往日益增多，在德育方面受社会的影响也越来越强烈。因此，在构建"三位一体"的德育大网络时，社会是不可忽略的重要因素，它对小学生的道德教育与道德实践起着导向的作用，对学生道德的形成和发展起着重要的作用。

因此，小学德育应是家庭、学校、社会三者相互作用的系统工程。在青少年思想道德形成过程中，学校教育、家庭教育和社会教育都起着非常重要的作用，青少年的德育绝不仅是学校单方面努力能够完成的。"三位一体"德育模式正是以学生为德育主体，发挥学校在德育工作中的纽带作用，整合社会德育资源，激发家庭德育力量，探索学校、家庭、社会积极互动并形成合力的德育行动的具体策略。形成"以学校德育为主体，以家庭德育为基础，以社会德育为依托"的德育工作新格局，共同促进学生良好行为习惯的养成和高尚道德情操的发展。为促进未成年人的德育发展和良好行为习惯的养成，构建学校、家庭、社会（社区）紧密结合的"三位一体"的德育网络势在必行。

第二节　建议

通常来说，一种教育模式应包含管理模式、教学模式、教育模式。"三位一体"德育模式作为德育教育的一种模式，应该包含德育管理模式、德育教学模式、德育教育模式。因此，学校应设置相应的德育管理部门落实德育工作的组织管理，促进家庭、社区与学校的密切合作。学校、家庭、社区需要采取适当的教学、教育模式进行德育教育。同时，学校能量有限，需要发挥政府主导作用，为学校德育营造良好的社会环境。基于以上思路，对于小学"三位一体"德育模式，本书提出以下改进策略：

一、基于学校的改进策略

（一）成立家校社合作委员会

成立家校社合作委员会。以学校为本的家校社共育要发挥学校的主导作用，以学校为龙头、社区为平台、家庭为基础，成立家校社合作委员会。委员会成员包括学校、家庭、社区三方的代表。通过成立专门的工作领导小组，负责落实具体工作。明确目标、职责，制定组织规范与章程，制定短期、中期和长期的工作规划。充分挖掘与利用家长资源、社区资源，确保家校社共育工作有组织、有领导、有目的、有计划、规范化和常态化开展。同时，安排专门的项目维护小组，负责落实家校社共育项目的开展、实施、评估等方面的工作。

（二）完善家长委员会建设

完善家长委员会建设。家长委员会是由家长代表成立的组织，它作为与学校沟通的桥梁，是增进学校与学生、家长之间沟通的桥梁。家校社共育部门可以联系社区或组织班主任落实家长委员的推选工作，由社区（村委会）或者班级推选出热爱、关心、支持教育事业，具备良好的家庭教育经验，有一定文化水平和较高教育水平与能力的各个层面的家长组成家长委员会。家校社共育的本质在于通过学校与家长、社区的制度化合作，形成平等的协同育人关系。因此，要完善家长委员会建设，必须健全各项工作制度，如家校联席会议制度，家校联系沟通制度，家长委员会驻校办公规程及提案制度，家长义工（志愿者）服务制度，工作监督和民主评议制度等；同时，明确家长的权利和义务，对家委会进行精准的定位，真正让家长委员参与到学校管理、教学教育工作、关系到学生身心健康发展的重大决策过程当中，保证家校交流对话的渠道顺畅，实现家长委员会工作常态化、规范化、有序化开展。

（三）加强教师队伍建设

加强教师队伍建设。学校尽量争取上级教育部门的支持，使任课教师数量得到保障，让专业的心理健康教师及思政课教师从事专职教学工作。同时，严格落实党和国家立德树人根本任务，全面贯彻德育为先、"五育"并重的教育理念，根据《中小学德育指南》文件精神要求，强化教师全员参与、全程育人的意识。同时，教师（特别是班主任）是家校共育活动的主要执行者，教师的教育水平能力直接影响着家校共育工作是否能够有效开展。因此，要加强科任教师、班主任培训，提高科任教师、班主任的育人能力、班级管理能力、与家长合作沟通的能力。学校可以开展教师德育校本培训或组织教师外出参加培训，有条件的学校可以请专家入校为本校教师开展相关培训。通过这些培训培养一支优秀的家庭教育教师队伍，使教师深入了解家校社共育政策，形成协同育人观念，具备良好的家庭教育指导能力。此外，教师是否能够积极行动是家校共育工作是否落地的关键，学校要完善教师工作量化考核制度，在评优评先、绩效考核方面予以倾斜，从而调动教师参与家校社共育活动的积极性，形成齐抓共管的局面。

（四）合理规划德育课程

1. 充实德育内容与创新德育方法

学校是对学生实施制度化教育的主体，学校要对学生有目的、有计划、系统地实施道德教育，科学合理规划德育课程。学校要根据《中小学德育工作指南》，把理想信念教育、社会主义核心价值观教育、中华优秀传统文化教育、生态文明教育、心理健康教育等全面纳入学校的德育课程中，包括小学道德与法制课程、综合实践活动课程、劳动教育课程、少先队活动课程、仪式教育课程等。指导各学科教师充分挖掘渗透于各门学科课程中的德育资源，注重校园文化建设，充分发挥隐性德育课程的作用，把德育内容融入教学教育全过程，渗透到学生心里。学校进行德育教育，开展德育活动要结合小学生身心发展的规律，注重实践性和学生的参与性，促进学生知、情、意、行等品德要素的协调发展。

2. 加强对德育课程教师的培训

小学道德与法制是一门综合形态的课程，对任课教师的教学教育能力要求较高。因此，学校要加强对德育课程教师的培训，为任课教师提供专业研修平台，有组织、有计划开展教师培训，组织开展德育课程教研活动，提高任课教师的专业素养与能力，促使德育课堂焕发出教学生命力。

二、基于家庭的改进策略

（一）健全家庭教育工作机制

教育工作机制对于促进家庭教育的有效开展具有重要意义，政策支持、专业指导、资源平台、研究与培训、评估认证、跨部门合作等方面的措施相互配合，形成一个有机的工作机制，为家庭教育提供全面的支持和保障。这样的机制能够提升家庭教育的质量和水平，帮助家长更好地履行育儿责任，促进儿童健康成长。

1. 家庭德育培训

建立健全的家庭教育培训体系，为家长提供专业、系统的培训课程。培训课程可以涵盖育儿技巧、亲子沟通、家庭关系管理、价值观传递等方面的内容，帮助家长提升育儿能力和家庭教育水平。培训课程可以由专业的培训师或教育专家主持，采用多种形式，如线下讲座、在线课程、小组讨论等，以满足家长的不同需求和学习方式。

2. 家庭教育导师制度

家庭教育导师制度是一种具有深远影响的教育模式，它将家庭教育的重点放在提供个性化的指导和支持上。在这一制度下，家庭教育导师，无论是专业的育儿专家还是经验丰富的家长，都可以扮演至关重要的角色，成为家庭教育的灯塔。

首先，家庭教育导师能够与家长建立一种紧密的合作关系。通过这种关系，导师可以更深入地了解家庭的具体情况和需求，从而提供更加精准和有效的指导。这种个性化的关注能够帮助家长更好地理解和满足孩子的需求，为孩子创造一个更有利于成长的环境。

其次，家庭教育导师可以提供个别咨询服务。在这种一对一的环境中，家长可以向导师咨询具体的育儿问题，寻求专业的建议。导师的专业知识和经验能够帮助家长解决一些在育儿过程中遇到的难题，从而减轻家长的压力和缓解家长的焦虑。

再次，家庭教育导师还可以提供定期指导。通过定期的沟通和指导，导师可以及时了解家庭教育的进展和变化，从而提供持续的支持。这种持续的关注有助于保持家庭教育的连贯性，促使家庭教育计划得以有效实施。

家庭教育导师还可以帮助家长制订教育计划。通过了解孩子的兴趣、潜能和需求，导师可以与家长一起制订一个旨在促进孩子全面发展的教育计划。这个计划可以包括学习目标、家庭活动和与孩子的互动方式等方面。

值得注意的是，家庭教育导师不仅是专业知识的传播者，还是家长的伙伴。他们的作用是辅助和支持，而不是替代家长在孩子教育中的角色。通过这种合作关系，家庭教育导师能够赋予家长信心和能力，使他们在孩子的教育和成长过程中发挥更加积极和有效的作用。建立家庭教育导师制度是一个富有前瞻性的举措，有助于提升家庭教育的质量和效果。这个制度还通过提供个性化的指导和支持，为家长在育儿旅程中提供了重要的资源和工具。家庭教育导师制度还有可能促进社区内部的相互支持和学习。例如，经验丰富的家长作为导师，可以将他们的知识和经验传授给其他家长。这不仅增强了社区的凝聚力，还为家长提供了一个分享和学习的平台。

最后，家庭教育导师制度对孩子们也有深远的影响。当家长在教育方法和策略上受到良好的指导时，他们往往能够更加有效地支持孩子的学习和发展。这对于孩子的自信心、社交技巧和学习成绩可能都有积极的影响。

然而，为了确保家庭教育导师制度的成功实施，还需要注意几个关键因素。首先，家庭教育导师需要接受适当的培训和准备，以确保他们具备必要的专业知识和技能。其次，需要建立一个有效的沟通渠道，以便家长和导师可以方便地交流和分享信息。此外，对家庭教育导师制度的效果进行定期评估，以便进行必要的调整和优化，也是至关重要的。

总的来说，家庭教育导师制度是一种有潜力改变家庭教育面貌的模式。通过个性化的指导和支持，这个制度能够使家长更加有能力和有信心地参与孩子的教育，并为孩子的成长提供一个更加有利的环境。

3.家庭教育咨询热线和平台

在现代社会，家庭教育面临着诸多挑战。家长们在努力塑造孩子的品格和能力的同时，可能会遇到各种问题和困惑。在这种背景下，建立家庭教育咨询热线和在线平台，为家长提供即时的咨询和支持，具有深远的意义。

首先，通过电话和网络等方式，家长能够方便地接触到专业的家庭教育咨询师。这为家长提供了一个随时可以求助和学习的途径，不受时间和地点的限制，大大增加了获得帮助的机会。

其次，专业的家庭教育咨询师通常具备丰富的经验和专业知识，能够为家长提供有针对性的指导和建议。这对于解决家长在日常教育中遇到的具体问题，如沟通技巧、学习方法、行为管理等，非常有帮助。

再次，家庭教育咨询热线和在线平台还可以为家长提供一个互相学习和交流的空间。家长们可以分享自己的经验，听取他人的建议，形成一个有益的互助社群。

最后，通过这些平台，家长也可以获得最新的教育资讯和研究成果，使自己的家庭教育方法更加科学和先进。例如，一些平台可能会定期举办在线讲座或工作坊，邀请教育专家分享他们的见解和建议。

值得注意的是，建立家庭教育咨询热线和在线平台也有助于政府和教育机构更好地了解家庭教育的现状和需求，从而制定更加有效的政策和措施。

综上所述，家庭教育咨询热线和在线平台为家长提供了一个宝贵的资源，可以帮助他们提高家庭教育的有效性和质量，为孩子的成长创造一个更加有利的环境。同时，这也是一个不断学习和进步，以适应时代发展的重要途径。

4.家长学校和家庭教育社区

建立家长学校和家庭教育社区，为家长提供交流、学习和分享的平台。家长学校可以开设各类课程、讲座和工作坊，让家长了解最新的教育理念和方法，共同探讨教育难题和解决方案。家庭教育社区可以组织家长互助小组、家庭活动等，促进家长之间的交流和互动，形成共同成长的氛围。

5.家庭教育评估与认证

建立家庭教育的评估与认证机制是一个具有前瞻性和创新性的措施，它有可能对提升家庭教育的质量产生深远的影响。

首先，对家庭教育工作进行定期评估是至关重要的。评估可以从多个角度进行，如家庭教育目标的实现程度、家庭教育环境的优化、家长和孩子的沟通效果等。这种评估可以帮助家长了解他们在家庭教育中的优势和不足，从而制订更加具体和有效的改进计划。此外，这种评估还可以为教育部门和社区提供宝贵的数据和信息，以便制定更加符合家庭需求的措施。

其次，通过家庭教育认证机制，可以对那些在家庭教育工作中表现出色的家庭给予表彰和认可。这种认证可以作为一种激励，鼓励更多的家长参与家庭教育，致力于提高其质量。同时，这也为其他家长提供了一个参考和借鉴的范例，让他们能够从优秀的家庭教育实践中学习。

值得注意的是，建立家庭教育的评估与认证机制需要谨慎和细致的规划。评估标准应该是公正和客观的，能够全面反映家庭教育的多个方面。同时，认证过程应该是透明和公正的，避免任何形式的偏见和歧视。

最后，评估与认证机制的建立应该是一个包容和鼓励性的过程，而不是一个刚性和惩罚性的制度。它的目的是为了帮助家长提高家庭教育的质量，为孩子的成长创造更好的条件，而不是给家长施加过多的压力和增加负担。

总的来说，通过评估与认证机制的建立，可以创造一个更加积极和有利于家庭教育的环境，有助于促进下一代的全面发展。

6.跨部门合作与资源整合

在家庭教育领域，建立跨部门合作机制是一种非常有效的策略，能够整合各方的资源和专业知识，形成一个协同的力量来推动家庭教育的进步。当政府、教育部门、社会组织和学校携手共同努力时，不仅可以优化资源分配，还能够为家庭教育提供更加丰富和多样化的服务。

首先，政府的参与为家庭教育提供了政策支持和资金保障。政府可以通过立法和资助，为家庭教育创造一个有利的环境。此外，政府还可以通过公共信息平台，将相关的教育政策和资源传达给广大家庭。

其次，教育部门在家庭教育中起着桥梁作用。他们通常拥有丰富的专业知识，可以为家庭提供有针对性的教育方案和建议。与此同时，教育部门可以培训家长和教师，让他们了解孩子的发展需要，并提供有效的教育方法。

再次，社会组织在家庭教育中也发挥着重要作用。他们通常更接近社区，了解家庭的具体需求。通过社会组织，家庭可以获得更个性化和贴近生活的支持和服务，如家庭辅导、亲子活动和心理咨询。

最后，学校作为教育的主战场，是家庭教育的重要合作伙伴。学校可以与家长密切沟通，共同制订教育目标和计划。此外，学校还可以通过开放日和家长会等活动，让家长了解学校教育的最新动态，并参与到教育过程中来。

通过跨部门的合作，这些不同的组织和机构可以分享彼此的资源和知识，形成一个强大的知识网络。这种整合可以帮助避免资源的重复使用和浪费，提高服务的效率。

更重要的是，跨部门合作能够为家长提供更加全面和多样化的支持。家长可以根据自己和孩子的需要，选择最适合的服务和资源。这种多样化的支持对于满足家长的不同需求，提升家庭教育的质量具有重大意义。

总的来说，跨部门合作是家庭教育成功的关键因素之一。

（二）开展家校社共建活动

1.家庭阅读分享会

学校可以组织家庭阅读分享会，邀请家长和学生一起分享自己喜爱的图书、阅读心得和阅读体验。这样的活动可以激发学生对阅读的兴趣，提高他们的阅读能力和培养他们的阅读习惯。同时，家长也可以从其他家庭的分享中获得阅读启发和家庭教育经验，促进家庭中的阅读氛围和家庭成员们的共同成长。

2.家长论坛

学校可以定期举办家长论坛，邀请专家、教育学者或有经验的家长来分享教育心得、育儿经验和家庭教育技巧。家长论坛是家长之间互相学习和交流的平台，可以解答家长的疑惑，分享有效的育儿方法，提升家长的教育能力和增强家庭教育意识。

3.互动家长会

学校可以组织互动家长会，让家长与教师、学生互动交流，共同关注学生的学习和成长。这样的家长会可以让家长了解学校的教育理念、教学目标和教学方法，与教师沟通交流学生的表现和问题，共同制订学生的学习计划和个性化教育方案。

4."大手拉小手，建设美丽社区"活动

学校可以与家长和社区居民共同开展社区建设活动。通过社区环境整治、垃圾分类、绿化美化等实践活动，学生可以亲身参与社区建设，感受社区的温暖和了解自己应承担的责任。同时，家长和学校共同参与社区活动，可以加强家校社三方的联系和合作，进而共同营造良好的学习环境和社区氛围。

5.指导家庭亲子活动

学校可以向家长提供指导和支持，帮助他们组织家庭亲子活动。家庭读书会、家庭游园活动、亲子烹饪课等活动可以加强家庭成员之间的互动与交流，增强亲子关系。这些活动既可以丰富家庭的课余生活，也可以促进学生的兴趣培养、技能发展和创造力的发挥。学校可以给家庭亲子活动提供指导和资源支持，鼓励家长和学生积极参与，营造积极、健康的家庭学习氛围。

通过以上的家校社共建活动，学校可以实现以下目标：

1.加强家校合作

家校社共建活动为学校、家庭和社区之间建立紧密的合作关系提供了机会。学校与家长和社区居民一起合作，共同关注学生的成长和发展，形成家校社三方共同育人的良好氛围。

2.满足家长需求

家校社共建活动可以通过家长论坛、互动家长会等形式，提供给家长与教育专家、其他家长的互动交流平台，满足家长对于育儿知识、教育指导和家庭教育的需求。家长在这些活动中可以获取实用的育儿经验和教育理念，解决育儿难题，提升育儿技能。

3.丰富学生课余生活

通过指导家庭组织丰富多样的亲子活动，学校可以帮助学生在课余时间充分发展兴趣爱好、培养实践能力、增强创造力。这些活动不仅可以提升学生的综合素质，也可以增强家庭与学校的联系，共同关注学生的全面发展。

4.建设美丽社区

通过参与社区建设活动，学校可以与家长和社区居民一起共同关注社区环境的整治，促进社区环境的改善。这种合作不仅可以提升学生的社会责任感和公民意识，也可以增强社区凝聚力和共建意识。

总之，定期开展家校社共建活动是学校促进家校合作、满足家长需求、丰富学生课余生活和建设美丽社区的重要方式。这些活动可以促进学校、家庭和社区之间的良好互动与合作,共同关注学生的全面发展和幸福成长。通过家校社共建活动,学校与家长和社区共同肩负起培养下一代的责任和使命,共同营造积极、和谐的教育环境。学校在组织家校社共建活动时,可以积极引导家长参与,并根据家庭的特点和需求提供相应的指导和支持。

在家庭阅读分享会中,学校可以邀请专业的图书馆员或教师指导家长如何选择适合孩子阅读的书籍,以及如何与孩子一起阅读并展开有意义的讨论。家长论坛可以邀请教育专家、心理咨询师或其他家长分享经验和建议,帮助家长更好地理解和应对孩子在成长过程中面临的问题。互动家长会可以安排互动游戏、小组讨论或亲子活动,加强家长与学校、其他家长之间的交流与合作。

学校还可以通过提供资源和指导,鼓励家庭组织各类亲子活动,如家庭读书会、科学实验、艺术创作等。这些活动不仅可以增进家庭成员之间的情感交流和互动,还可以培养孩子的创造力、解决问题的能力和团队合作精神。

此外,学校可以与社区合作,共同开展"大手拉小手,建设美丽社区"等活动。通过组织社区环境整治、环保宣传、公益义务等活动,家长与孩子可以一同参与社区建设与维护,培养孩子的社会责任感和参与意识,同时增强家庭与社区的联系和互动。

通过定期开展家校社共建活动,学校可以促进学生全面发展,增强家校合作,提升家长育儿和教育水平,加强学校与社区的联系与合作。这种家校社共建的合作模式将学校、家庭和社区的力量有效整合,为孩子提供更丰富、更有意义的教育体验,助力他们健康快乐成长。同时,这种合作也为家庭教育的发展提供了一个有利的平台,家长可以互相学习、分享经验,共同关注孩子的成长和教育需求。

(三)创新学生德育评价模式

学校可探索学生综合素质评价模式,由学校、家长、社区联合对学生进行全面、综合的评价。如:由家长对孩子在孝敬父母、热爱劳动、勤俭节约、习惯养成等生活内容方面给予综合的客观评价;由社区将学生参与社区志愿服务的情况记录下来,并反馈给学校;学校把综合素质评价结果反馈给家长,让家长了解孩子的德育方面的情况,做到德育教育有的放矢。在时间、人员紧张的情况下,学校可积极探索利用现代信息技术将孩子到校和离校时间(如钉钉刷脸)、在校表现等信息(班级群、班级圈)及时传递给家长,同时家长主动向老师提供相关的反馈信息,从而使学校、家庭、社区有效配合,促进孩子的健康成长。

三、基于社区的改进策略

(一)组建社区教育委员会

组建社区教育委员会。以社区为依托,按就近原则,聘请离退休干部、家长和社会知名人士、社区领导,由他们共同组成社区教育委员会。与文化、公安、市监、交警等部门协调合作,协助治理学校周边环境。组织社区在校学生成立社区小队、中队,与社区单位挂钩，聘请家长担任社区小队辅导员或中队辅导员，积极为学生开展社区教育活动，发挥社区潜在的育人功能。

（二）成立社区家长学校

家长学校是开展家庭教育指导的主渠道、主阵地。除了挂牌成立学校内的家长学校，还可以成立社区家长学校，以社区内各学校的家长为单位组建社区家长学校。如果学校具备条件的，可派出教师到社区家长学校参与志愿服务，支持社区家长学校建设。由社区教育委员会管理，根据家长的实际需求制订家长学校教育计划，每年至少统筹安排两次具有广泛性、针对性的家庭教育指导和家庭教育实践活动。如由教育专家、家庭教育导师传授家庭教育的知识和方法，身边的家长介绍教育子女的成功经验，向家长宣传有关的家庭教育政策、家庭教育的意义，使家长明确家长是孩子教育的主体，纠正家长在家庭教育中的偏见和做法等。

（三）开展模范家庭评选

开展模范家庭评选是一种重要的家庭德育举措，旨在表彰和激励那些在家庭教育方面取得杰出成绩的家庭，并将他们作为榜样向社会示范。

首先，模范家庭评选可以提供一个展示优秀家庭教育成果的平台。通过评选活动，可以发现和表彰那些注重家庭教育、培养良好家庭氛围的家庭。这些家庭在孩子的品德养成、学业成绩、社交能力等方面取得了突出的成绩，对其他家庭起到了积极的示范作用。

其次，模范家庭评选可以激励其他家庭重视家庭教育，并努力提升自身的育儿水平。通过向社会宣传模范家庭的先进事迹和教育经验，可以激发其他家庭的学习热情，促使他们认识到家庭教育的重要性，改进家庭教育方式，培养良好的家庭氛围和家庭价值观。

最后，模范家庭评选可以为社会树立正确的价值导向。通过评选出那些积极践行社会主义核心价值观、具有高尚品德和良好行为习惯的家庭，可以引导社会对正面价值的关注和追求。模范家庭在社会上具有较高的影响力，他们的典型经验和故事可以引领社会舆论，帮助更多家庭树立正确的家庭观念和教育理念。

在开展模范家庭评选时，应注意以下几点：

1.评选标准的公正和科学

评选标准应该明确、公正、科学，既要考察家庭成员的道德品质和良好行为习惯，也要关注家庭教育的整体效果和成果。评选过程应该透明，避免人情主义和拜金主义的干扰，确保评选结果具有可信度和公信力。

2.倡导多样化的家庭模式

家庭模范并不局限于特定的家庭结构或形式，应该充分尊重和包容不同类型的家庭。评选中应考虑到各种家庭类型的特点和困难，并重视家庭教育的多样性和个性化。评选过程中，应尊重家庭的选择权，不仅关注物质条件和外在表现，还注重家庭成员之间的关系、情感交流和共同成长。

3.综合评价家庭教育的各个方面

模范家庭评选不仅要关注孩子的学业成绩，还要考虑到他们的品德养成、社交能力、自主学习能力等方面。评选过程中应通过多种方式收集信息，如家访、面谈、问卷调查等，全面了解家庭教育的实际情况。

4.提供支持和指导

评选活动不仅是为了表彰优秀家庭，更重要的是为参评家庭提供支持和指导。评选过程中可以组织家庭教育培训、经验分享会等活动，帮助参评家庭提升家庭教育水平，解决教育难题。同时，评选结果可以为参评家庭提供荣誉和鼓励，激励他们继续努力，在家庭教育中发挥更大的影响力。

通过开展模范家庭评选，可以激发家庭教育的活力和创造力，树立家庭教育的典范和榜样，促进家庭教育的不断提高和优化。评选活动的开展不仅能够提升家庭教育的质量，也能够增强社会对家庭教育的重视和关注，为社会主义核心价值观的传承和发展作出贡献。同时，评选活动还能够加强家校社三者之间的沟通与合作，共同营造良好的育人环境，实现全面育人的目标。

（四）开拓社区教育资源

开拓社区教育资源。社区教育资源包括所在的团体、机构、地理、文化等因素。学校要通过与社区沟通，开放社区、单位的教育资源，建立学生校外实践基地，开展一系列共建共育活动，让学生在活动中体验，在体验中成长。如：组织学生到区域内的消防中队体验，到污水处理厂参观，到民族博物馆、红色革命教育基地参观学习。还可以将社区居民活动与学校节日活动进行有机结合，让学校师生与社区居民充分互动，实现学校教育资源和社区资源相互融合。通过开展丰富多彩的社区教育活动，促进社区和学校的共同成长，全面提高学生的思想道德素质和科学人文素质。同时，学校要与社区建立联防机制，主动联系宣传、公安、综合治理、交警、民政等部门，加强社会资源共享共建，进行正面宣传和舆论引导，共同营造安全、文明的社会环境。同时，要充分发挥出这些教育资源的德育作用，它们是爱家乡、爱祖国、爱人民的最好的德育素材。

四、政府功能的正确发挥

（一）发挥政府主导作用

以学校为本的"三结合"教育以学校为主体，重视发挥学校主导作用，以学校为龙头，以社区为平台，以家庭为基础，主动连接其他社会环境系统，组合各种正面影响形成教育合力。但是，学校的能量相当有限，需要来自政府强有力的外部黏合力，为学校构建优化的学校德育之社会环境。

在我们国家，国民意识、社会大众的德育自觉性还没有发展到相当高度，家校社共育的实现需要充分发挥政府的主导作用。美国西南教育发展研究实验室曾经做了一项调查，研究结果显示，决定一项家校合作项目是否能够取得成功，有两个最关键的要素："一个是要有明确的政策规定；另一个就是有政府的行政支持。"当今，我们正处于互联网与信息化的时代，网络给我们带来方便的同时，也给学校德育增加了难度及不确定性，甚至是带来一些消极的影响。政府要在舆论导向、家庭教育立法、制度等方面对学校德育支持上进行明确规范。同时，对社区、家庭、大众媒体、社会文化环境的品质进行有效的监控，从而为学校德育营造良好的外部环境。亚洲国家新加坡，在第二次世界大战之后，无论是物质文明还是精神文明建设，都取得了伟大的成就，这离不开新加坡政府强有力的举措，其不仅为学校德育营造了良好的外部环境，还增加了新加坡人的民族自信，这是新加坡学校德育取得成功的原因之一。近三年来，连山县所在的清远市政府高度重视未成年人的思想道德建设工作，其在全国文明城市 2018 年、2019 年、2020 年未成年人思想道德建设工作年度测评及综合测评中都位列相关城市前茅，可以看出清远市政府在构建学校、家庭、社会"三结合"教育网络方面的显著成效，这为清远地区其他各市县、各学校开展协同德育工作创造了相当好的社会环境。

（二）发挥机构专业优势

在政策上，家校社共育工作上升到了国家的战略层面，但对于如何开展具体工作方面的指导还比较薄弱。如在学校、家长之间架起沟通桥梁的家长委员会，需要从体制上将家长委员会与学校决策机构联结起来，真正发挥家长委员会的作用。借鉴国外先进经验，可以借助专业机构发挥穿针引线的作用。俄罗斯的"社会教师"、德国的家长委员会代表等，这些机构把学校、家庭、社区联系在一起，将有限的、分散的力量聚合起来，促进三方的合作共育，发挥出了巨大的整体效能。美国的学校里有学校合作伙伴行动小组（ATP），他们通过这个正式的组织将家长和学校联结起来。此外，他们还借助专业团队开展系统研究，把家校社共育的实践建立在研究的基础上。美国约翰斯•霍普金斯大学的乔伊斯•爱泼斯坦教授带队建立的国家合作伙伴学校联盟，成员包含美国及其他 40 多个国家（地区）的研究者，他们通过建立完备的研究体系，发挥专业力量开展实证研究，指导学校实践并开展评估，帮助学校持续改进，为教育决策的制定提供支持，该家校社合作模式还成了家长及家庭参与项目的"国家标准"。2020 年 12 月 12 日，中国教育发展战略学会成立了我国第一个家校社协同教育的群众性社会团体——家校协同专业委员会。据报道，该专业委员会成员均来自教育管理单位、大中专院校、教育科研机构、中小学等教育有关单位和组织，涵盖 27 个省（市、自治区），目前已发展单位会员 67 家，个人会员 248 名。专委会聚焦家校社协同战略目标，致力于统筹各方力量，为解决家校社协同育人中存在的问题提供研究成果和咨询服务，我们可以借助家校协同专业委员会的专业优势，进一步推进家校社协同教育工作向更高层次与水平发展。

同时，政府除了发挥妇联、共青团等人民团体的作用之外，在我们国家还有许多民间组织（NGO），他们在改造社会环境，促进未成年人道德成长方面发挥了重要作用。在这些组织的培育和发展上，政府可以给予他们更多的关注与扶持，鼓励他们同学校形成联盟，加强合作，共享各种教育资源，使他们在优化学校德育环境上发挥出更大的作用。

参考文献

[1] 李志军.核心素养视域的健全人格培育 [J].中学政治教学参考，2018（10）：65—66.

[2] 傅寿松.提高学校德育实效性的思考 [J].科学大众（科学教育），2018（07）：76.

[3] 叶逢福.论高校思想政治教育教师的精神力量 [J].现代教育科学，2018（01）：77—81.

[4] 傅文增.德育回归生活——基于当前高校德育工作的思考 [J].课程教育研究，2018（15）：255—257.

[5] 洪凯.论思想政治教育与青少年人格的塑造 [J].中国高新区，2018（10）：95.

[6] 郝敬红.人格教育在中职思想政治教育的核心作用 [J].课程教育研究，2017（01）：46—47.

[7] 冯小明.创新德育教学塑造健全人格的研究 [J].成才之路，2017（01）：8.

[8] 蒋姮.中职德育教育与中职学生人格塑造的关系研究 [J].学苑教育，2017（05）：18.

[9] 王桂芹.健全人格视角下人文德育的实施路径构建 [J].现代中小学教育，2017（07）：11—13.

[10] 赵文元.中小学生德育工作浅谈 [J].赤子（上中旬），2017（01）：274.

[11] 胡燕.在初中思想品德课教学中如何实施人格教育 [J].西部素质教育，2016，2（19）：137.

[12] 白健华.中学生健全人格塑造与思想政治教育 [J].中学政治教学参考，2016（9）：53—55.

[13] 田冬梅.论中学思想政治教育中学生健康人格的塑造 [J].中国市场，2016（06）：197—205.

[14] 余晓玲.德育教育对中职学生人格魅力的塑造 [J].科教导刊，2016（34）：60.

[15] 周全胜，朱茂程.素质教育视阈下青少年思想政治教育与德育的衔接问题研究 [J].高教探索，2016（S1）：154—155.

[16] 赵彤璐.思想政治教育中人格教育的对策建议 [J].教育教学论坛，2016（03）：36—37.

[17] 王芳.浅谈高中思想政治教学中的人格教育 [J].课程教育研究，2015（18）：58—59.

[18] 李佳佳.形成德育和心育的整体合力，塑造学生健全人格 [J].考试与评价，2015

（05）：89.

[19] 高永生，田野，许美娜.高校各类课程中德育资源的开发与利用[J].承德石油高等专科学校学报，2015，17（04）：63—66.

[20] 张娟.蔡元培修身思想与学校德育[J].中学政治教学参考，2014（36）：67—69.

[21] 颜玲.塑造和谐人格：和谐社会视阈下思想政治教育的核心内容[J].求实，2013（08）：87—90.

[22] 梁拴荣，马小乐.中学生人格、非理性信念与自我和谐关系研究[J].中国心理学会第十五届全国心理学学术会议论文摘要集，2012.

[23] 辛龙，屈栋，张燕玲.浅谈中学生人格教育的重要性及调查[J].科教文汇（中旬刊），2012（01）：22—23.

[24] 张承栋.大学生和谐人格构建的德育思考[J].南阳师范学院学报，2011（11）：105—107.

[25] 叶发钦.隐性德育课程与中学生和谐人格的塑造[J].教学与管理（理论版），2011（07）：57—58.

[26] 郝宏来."人格至上联动立德和谐发展"德育模式的研究与实践[J].北京教育学院学报，2011（02）：35—39.

[27] 杨玲.高职德育与学生健全人格塑造[J].吉首大学学报（社会科学版），2010（3）：164—166.

[28] 周胜龙，张彦花.论中学思想政治教育与和谐人格的培养[J].黑河学刊，2010（01）：103—104.

[29] 沈壮海.论高校德育的人本追求[J].思想理论教育导刊.2009.11.

[30] 王旭东.德育视域中青年和谐人格的构建[J].福建行政学院学报，2008（03）：68—72.

[31] 倪若琳.思想政治教育应以塑造学生健康和谐人格为目标[J].当代教育论坛（校长教育研究），2008（04）：56—58.

[32] 白艳艳.论学校思想政治教育与学生和谐人格的塑造[J].徐州教育学院学报，2008（01）：34—36.

[33] 陈金章.和谐人格构建与高校德育的转型[J].华北理工大学学报，2008（02）：262—263.

[34] 王根龙，徐建勋.论高校德育对大学生和谐人格的培养[J].南京政治学院学报，2005（S1）：96—97.

[35] 杨建平.论和谐社会与和谐人格[J].江海学刊，2005（06）：48—51.

[36] 杨华.高校德育工作应着眼于大学生健全人格的培养[J].中南民族大学学报（人文社会科学版），2005（01）：315—316.

[37] 冯建军.主体间性与教育交往[J].高等教育研究，2001，（06）.

[38] 杨新新 . 高校德育应注重健全人格教育 [J]. 郑州大学学报（哲学社会科学版），2001（05）：112—116.

[39] 蔡静文 . 回归人文精神 构建和谐人格——试论我国现代德育的价值取向 [J]. 教育导刊，2000（12）：28—31.

[40] 刘平秀 . 培养健全人格：学校德育应至为关注的问题 [J]. 江西教育科研，2000（10）：24—26.

[41] 杜月菊 . 培养"健全人格"：学校德育的着力点 [J]. 河南师范大学学报（哲学社会科学版），1999（04）：95—97.

[42] 段鸿 . 现代德育——理论和实践 [M]. 上海：上海教育出版社，2012.

[43] 增长秋，周含华 . 中国德育通史简编 [M]. 湖南：湖南人民出版社，2011.

[44] 卡尔·马克思，弗里德里希·恩格斯 . 恩格斯文集（第一卷）[M]. 北京：人民出版社，2009.

[45] 宁克强，魏茹芳 . 人类文明的呼唤——马克思主义人的全面发展思想的当代审视 [M]. 河北：河北人民出版社，2009.

[46] 黄希庭 . 人格心理学 [M]. 浙江：浙江教育出版社，2002.

[47][美]Jerry M.Burger. 人格心理学 [M]. 陈会昌等译 . 北京：中国轻工业出版社，2000.

[48] 顾明远 . 教育大辞典 [M]. 上海：上海出版社，1998.

[49][奥] 弗洛伊德 . 精神分析引论新编 [M]. 高觉敷译 . 北京：商务印书馆，1987.

[50][美] 马斯洛 . 动机与人格 [M]. 程朝翔译 . 北京：华夏出版社，1987.

[51] 何明明 . 初中学优生不良人格特征的表现及对策研究 [D]. 河南师范大学，2018.

[52] 刘舒 . 思想政治教育在培养高校创新人才中的作用研究 [D]. 沈阳农业大学，2017.

[53] 赵晓晨 . 中学德育塑造高中生健全人格的有效性研究 [D]. 陕西师范大学，2016.

[54] 刘彦艳 . 学校德育在个体全面发展中的作用研究 [D]. 宁夏大学，2015.

[55] 郭平 . 中学思想政治课中人格教育的实效性研究 [D]. 延安大学，2015.

[56] 魏德营 . 中学生和谐人格塑造的环境支撑 [D]. 苏州大学，2009.

[57] 杨清明 . 高校德育主体和谐初论 [D]. 西南大学，2008.

[58] 陈冬梅 . 人格教育：中学德育的着力点 [D]. 山东师范大学，2002.